POLYGLOTT on tour

Kuba

Die Autoren

Wolfgang Rössig

Der Reiseautor und Fotograf ist für zahlreiche deutsche und internationale Verlage tätig. Am liebsten reist er kreuz und quer durch die Welt, immer auf der Suche nach neuen Traumzielen. Kuba liegt ihm besonders am Herzen: Seit über zwei Jahrzehnten bereist er die Insel mehrmals im Jahr und nahm sie natürlich auch in den für Polyglott geschriebenen APA Guide Traumziele der Welt auf. Er betreut auch den APA Guide Kuba.

Beate Schümann

studierte Geschichte, Portugiesisch und Jura. Als freie Autorin und Journalistin mit Schwerpunkt Kultur und Reise hat sie sich auf die Karibik und Lateinamerika spezialisiert.

Das System der POLYGLOTT Sterne

Auf Ihrer Reise weisen Ihnen die Polyglott-Sterne den Weg zu den bedeutendsten Sehenswürdigkeiten aus Natur und Kultur. Für die Vergabe orientieren sich Autoren und Redaktion am UNESCO-Welterbe.

*** eine Reise wert ** einen Umweg wert * sehr sehenswert

Unsere Preissymbole bedeuten:

Hotel (DZ)		Restaurant (Hauptgericht)	
●●●	über 100 €	●●●	über 25 €
●●	60 bis 100 €	●●	8 bis 25 €
●	unter 60 €	●	unter 8 €

Reiseplanung

Land & Leute

Unterwegs in Kuba

Havanna fasziniert mit der schönsten Altstadt der Karibik, einer kilometerlangen Uferpromenade, an der amerikanische Oldtimer entlangfahren, schicken Restaurants und einem pulsierenden Nachtleben.

Menschenleere Strände, sattgrüne Berge, die traumverlorene Karstkegellandschaft von Viñales, riesige Tropfsteinhöhlen und das Tabak-Dreieck Vuelta Abajo prägen die Provinz Pinar del Río im Westen Kubas.

Varadero ist mit seinem kilometerlangen, hotelgesäumten Sandstrand das touristische Sahnestück der Provinz Matanzas. An die Südküste und auf die sumpfige Halbinsel Zapata zieht es vor allem Naturfreunde und Taucher.

Kubas schönste Kolonialstädte, die letzte Ruhestätte Che Guevaras und die Trauminseln der Cayería del Norte sorgen für den besonderen Reiz der von endlosen Zuckerrohrfeldern und saftigen Rinderweiden geprägten Mitte Kubas.

Der Osten Kubas lockt mit den Bergen der Sierra Maestra, den unberührten Regenwäldern von Baracoa, den puderzuckerfeinen Stränden von Guardalavaca und der Musikhauptstadt Santiago.

Echt gut!

Karten

Reiseplanung

Die Reiseregion im Überblick][Die schönsten Touren][Klima und Reisezeit][Anreise][Reisen im Land][Sport und Aktivitäten][Unterkunft

Die Reiseregion im Überblick

Bröckelnde Barockfassaden, magische Santería-Trommeln, Koralleninseln mit Sand so weiß wie Puderzucker, Rumba, Son und Salsa, Sozialismus unter Denkmalschutz – all das garniert mit einer unvergleichlichen Mischung aus Melancholie und Lebensfreude: Das ist Kuba!

Havanna, die Hauptstadt der Zuckerinsel, fasziniert zum einen mit ihrer kolonialen Altstadt, zum anderen mit ihren »modernen« Vierteln Vedado und Miramar, deren herrschaftliche Bürgerhäuser schönsten Jugendstil und Art déco zeigen. Auf der romantischen Uferpromenade fahren 50 Jahre alte Ami-Schlitten, und nachts schallt Musik aus jeder Bar. Im Osten, eine halbe Stunde Autofahrt entfernt, liegen die schönen Playas del Este, an denen sich Kubaner und Touristen treffen.

Kubas Westen, die Provinz Pinar del Río, prägen dicht bewaldete Gebirgslandschaften, Tabakfelder und einsame Strände. Unvergesslich ist der Blick auf das Tal von Viñales. Auf Cayo Levisa an der Nordwestküste und in María de la Gorda im äußersten Südwesten genießen Taucher und Individualisten das Strandleben.

Östlich von Havanna ist **Varadero** angesiedelt, Kubas größter und traditionsreichster Ferienort. Hier dominieren große Hotels die Szenerie. Doch nur eine Stunde entfernt liegt **Matanzas,** die schöne Hauptstadt der gleichnamigen Zuckerrohrprovinz und Wiege afrokubanischer Rhythmen. Naturliebhaber zieht es in die Sümpfe der Halbinsel Zapata. Hier gibt es ebenfalls Strände für Faulenzer und Taucher, aber

Karibische Idylle in der Laguna de Tesoro auf der Zapata-Halbinsel

auch revolutionäre Highlights wie Playa Girón in der Schweinebucht. Vor der Küste liegen die »Schatzinsel« Isla de la Juventud, von der Taucher schwärmen, und das All-inclusive-Inselchen Cayo Largo.

Schöne Kolonialstädte und wiederum Zuckerrohrfelder prägen das Bild **Zentralkubas.** Die französisch inspirierte Hafenstadt Cienfuegos und das koloniale Juwel Trinidad gehören zum Weltkulturerbe. Santa Clara zelebriert mit seinem monumentalen Mausoleum den Kult um Che Guevara, während die Luxusresorts auf den Inselchen der Cayería del Norte dem Kapitalismus huldigen. Fruchtbares Weideland prägt die Provinz Camagüey, deren Hauptstadt, das koloniale Camagüey (seit 2008 Weltkulturerbe), seinen eigenen, vom Tourismus nur zögerlich beeinflussten Rhythmus lebt.

Im Osten Kubas, dem **Oriente,** sind die Menschen rebellischer als anderswo, aber auch besonders lebensfroh. Santiago ist die Musikhauptstadt Kubas, und nicht nur während des Karnevals im Juli tobt hier das Leben. Im Südwesten dieser Region liegt die Sierra Maestra, in der Fidels Guerilleros drei Jahre lang für die Revolution kämpften. In Baracoa lautet die Devise dagegen »leben und leben lassen«. Hier, zwischen Regenwald und Palmenstrand, fühlen sich kontaktfreudige Individualisten besonders wohl.

Strandurlaub auf Kuba

Die größte Hotelauswahl findet man am endlosen Strand der Halbinsel von **Varadero** › S. 74. Die Flucht aus dem Touristenghetto ist dort jederzeit möglich, denn Havanna ist in zweistündiger Busfahrt zu erreichen. Wer es noch hauptstadtnäher mag, quartiert sich in den Urlaubsorten der **Playas del Este** › S. 60 ein. Die Strände von **Guardalavaca** › S. 114 sind tropischer, doch fühlt man sich hier abgeschotteter. Verstärkt gilt das für den Strand von **Santa Lucía** › S. 107 bei Camagüey mit seinen weniger reizvollen Hotels.

Urlauber auf den **Cayería del Norte** › S. 103 – Cayo Coco und Cayo Guillermo – sowie auf **Cayo Santa María** › S. 101 schätzt die kubanische Regierung besonders: Hier beschränken Dammstraßen mit Zugangskontrolle den Kontakt mit der Realität. **Cayo Largo** › S. 85 vor der Südküste ist sogar nur per Flugzeug zu erreichen. Dafür stimmen hier die Postkartenklischees von azurblauem Meer, schneeweißem Sand und grasgrünen Palmen. Cayo Largo ist allerdings eher karg, und die Strände sind weitgehend schattenlos.

Wer gerne Robinson spielt und auf All-inclusive-Luxus verzichten kann, wird sich an den Stränden von **Las Tunas** › S. 116, auf **Cayo Sabinal** › S. 107 oder im Tauchertreff **María La Gorda** › S. 69 an der Westspitze Kubas wohlfühlen. Die sympathischste Kombination von palmengesäumten Stränden ohne Isolation von der einheimischen Bevölkerung bietet **Baracoa** › S. 135 ganz im Osten Kubas: der Tipp für Individualisten.

Die schönsten Touren

Drei Wochen Kuba ohne Mietwagen

① **Havanna › Viñales › Pinar del Río › Havanna › Cienfuegos › Trinidad › Sancti Spíritus › Santa Clara › Ciego de Ávila › Camagüey › Las Tunas › Holguín › Bayamo › Santiago › Baracoa**

Distanzen:

Ohne Extratouren mit dem Rad ist diese Tour in 3 Wochen zu schaffen, bei Beschränkung auf die kulturellen Highlights geht es auch in 2 Wochen.

Havanna › Viñales 3 Std.; **Viñales › Pinar del Río** 1 Std.; **Pinar del Río › Havanna** 2 Std.; **Havanna › Cienfuegos** 4 Std.; **Cienfuegos › Trinidad** 1,5 Std.; **Trinidad › Sancti Spíritus** 1,5 Std.; **Sancti Spíritus › Santa Clara** 2 Std.; **Santa Clara › Ciego de Ávila** 3 Std.; **Ciego de Ávila › Camagüey** 2 Std.; **Camagüey › Las Tunas** 2 Std.; **Las Tunas › Holguín** 1,5 Std.; **Holguín › Bayamo** 1,5 Std.; **Bayamo › Santiago** 2 Std.; **Santiago › Baracoa** 5 Std.

Verkehrsmittel:

Mit den komfortablen Mercedes-Bussen von Viazul kommt man inzwischen in fast alle touristisch wichtigen Orte Kubas. Viazul befördert Räder gegen einen kleinen Aufpreis. Für Radfahrer besonders lohnend sind die Gegenden um Viñales, die Sierra del Escambray bei Trinidad und die Küste südlich von Bayamo und Baracoa. Cubana de Aviación nimmt Räder kostenlos mit: Man kann von Baracoa und Santiago zurück nach Havanna fliegen, wenn man keinen Gabelflug (Holguín) gebucht hat. Die Alternative ist der Zug von Santiago nach Havanna (ca. 16 Std.).

Drei Tage Kultur und Nachtleben in ***Havanna › S. 42 sollte man sich gönnen, dann warten am vierten Tag mit der malerischen Karstkegellandschaft von ***Viñales › S. 67 und den dichten Wäldern der Provinz Pinar del Río erste Highlights für Radler. Auch die Tropfsteinhöhlen und Tabakfelder lohnen Ausflüge. Am sechsten Tag packt man das Rad in einen Viazul-Bus, der über Pinar del Río und Havanna nach ***Cienfuegos › S. 91 fährt, einem kolonialen Schmuckstück. Am

Auf Kuba unterwegs im regionalen Bus

achten Tag erforscht man die kopfsteingepflasterten Gassen des nahen ***Trinidad › S. 95, in dem seit über 200 Jahren die Zeit stillzustehen scheint. Nach einer Fahrt durch das Valle de los Ingenios mit seinen historischen Zuckermühlen legt man im charmanten ***Sancti Spíritus** › S. 100 einen Halt ein. Am neunten Tag zollt man in **Santa Clara** › S. 100 Che Guevara Tribut: Er ruht hier seit 1997 in einem gewaltigen Mausoleum. Am folgenden Tag bietet sich ein Abstecher in das reizvolle Kolonialstädtchen ***Remedios** › S. 101 und zu den herrlichen Sandstränden von ****Cayo Santa María** › S. 101 an. **Ciego de Ávila** › S. 90 ist wiederum das Sprungbrett zum ****Cayo Coco** › S. 103, das zu längeren Badeaufenthalten verführt (11./12. Tag). Damit ist auch schon fast die zweite Woche vorbei. Die koloniale Altstadt von *****Camagüey** › S. 105 ist wieder ein kultureller Höhepunkt, während am 14. Tag die weiter östlich gelegenen Robinsonstrände von **Las Tunas** › S. 116 warten. In **Holguín** › S. 115 angekommen, bietet sich der Badeabstecher nach ****Guardalavaca** › S. 114 an, oder man fährt gleich weiter nach ***Bayamo** › S. 117, die Hochburg des kubanischen Unabhängigkeitskampfes. Radfahrer können von hier in einer Woche die Sierra Maestra umrunden und auf der spektakulären Küstenstraße bis nach *****Santiago** › S. 121 strampeln. Kubas Musikhauptstadt erreicht man von Bayamo aber auch in einer Stunde mit dem Bus. Die letzten Tage lässt man in ***Baracoa** › S. 135 ausklingen, dessen von dichtem Regenwald gesäumte Strände sich herrlich zum Relaxen eignen; die Küstenstraße rund um Baracoa ist aber auch ideal für Radler.

Zwei Wochen ¡Viva la Revolución!

—2— Holguín › Sitio Histórico Birán › Santiago de Cuba › Parque Nacional Desembarco del Granma › Manzanillo › Comandancia de la Plata › Bayamo › Santa Clara › Playa Girón › Cueva de los Portales › Havanna

Distanzen:

Holguín › Sitio Histórico Birán 1,5 Std.; **Sitio Histórico Birán › Santiago** 2 Std.; **Santiago › Parque Nacional Desembarco del Granma** 3 Std. reine Fahrzeit, aber die Küstenstraße verführt zu längeren Stopps; **Parque Nacional Desembarco del Granma** (über Manzanillo) **› Comandancia de la Plata** bis Alto de Naranjo 2–3 Std., dann Wanderung hin und zurück halber Tag; **Comandancia de la Plata › Bayamo** 1,5 Std.; **Bayamo › Santa Clara** ca. 7 Std.; **Santa Clara › Playa Girón** 3 Std.; **Playa Girón › Cueva de los Portales** 7 Std. (über Havanna); **Cueva de los Portales › Havanna** 3 Std.

Verkehrsmittel:

Kuba macht es revolutionsbegeisterten Reisenden nicht eben leicht: Viele der wichtigsten Stätten sind ohne teuren Mietwagen kaum zu erreichen. Viazul-Busse von Santiago nach Havanna halten in Bayamo, Holguín und Santa Clara. Von diesen Orten sind die beschriebenen Stätten in Tagesausflügen (evtl. mit Privattaxis) zu erreichen. Um sich eine lange Rückfahrt zu ersparen, empfiehlt sich die Buchung eines Gabelflugs ab Deutschland: Hinflug nach Holguín, Rückflug von Havanna oder Varadero.

In **Holguín** › S. 115 landen die Flieger aus Deutschland. Während die meisten Touristen in die Hotels von Guardalavaca transportiert werden, besuchen politisch Interessierte erst einmal Fidels Geburtsort, den ***Sitio Histórico Birán** › S. 117, um dann am Nachmittag in *****Santiago de Cuba** › S. 121 anzukommen. Dort klappert man am dritten Tag die zahlreichen Museen für Revolutions- und Freiheitshelden ab. Über die schöne Küstenstraße geht es am vierten Tag von Santiago am Südhang der Sierra Maestra entlang zum Landeplatz der bärtigen Rebellen im *****Parque Nacional Desembarco del Granma** › S. 120, bevor man nach **Manzanillo** › S. 118 weiterfährt. Hier übernachtet man, um am fünften Tag von Alto de Naranjo zu Fidels Hauptquartier ***Comandancia de la Plata** › S. 120 in der Sierra Maestra zu pilgern. Am Abend erreicht man ***Bayamo** › S. 117, das ein wichtiger Schauplatz früherer Freiheitskämpfe der Kubaner war. Von hier geht es am sechsten Tag der Länge nach über die Insel, eventuell mit nicht ganz linientreuem Halt im eher unrebellischen Camagüey, nach **Santa Clara** › S. 100. Hier besiegelte Che Guevara mit der Stürmung eines gepanzerten Militärzugs das Schicksal des Diktators Batista. 1997 kehrten die sterblichen Überreste des »Che« aus Bolivien nach Santa Clara zurück, wo sie im monumentalen Mausoleum ruhen. Nach Übernachtung und Besichtigung am nächsten Morgen fährt man gen Westen nach **Playa Girón** › S. 82 an der Schweinebucht, wo die »Barbudos« 1961 die Invasion konterrevolutionärer Exilkubaner vereitelten. Hier oder an der nahen Playa Larga kann man die Nacht verbringen und einen zusätzlichen Tag am Strand relaxen. Am neunten Tag geht es über die Autopista nach Havanna und gleich weiter in die Provinz Pinar del Río im Westen Kubas. In der Höhle ***Cueva de los Portales** › S. 69 bereitete Che Guevara sich während der Kubakrise auf den Atomkrieg vor, der gottlob nicht kam. Übernachtet wird zweimal im nahen schönen **Viñales** S. 67. Am elften Tag erreicht man *****Havanna** › S. 42. Hier besucht man natürlich zuerst das Museo de la Revolución und anschließend viele andere, vom revolutionären Geist beseelte Lokalitäten.

Damit die Tour nicht zu einseitig wird, bieten sich immer wieder Ausflüge zu Stränden an, wobei der Luxus auf ****Cayo Santa María** › S. 101 ein ideologisch bedenkliches Kontrastprogramm darstellt – aber man darf dort auch zelten.

Touren in den Regionen

Touren	Region	Dauer	Seite
Das alte Havanna	Havanna	1 Tag	43
Auf den Spuren Hemingways	Havanna	1 Tag	45
Mit dem Rad nach Viñales	Der Westen	4–5 Tage	62
Küstenträume an der Via Blanca	Varadero und die Provinz Matanzas	1–2 Tage	71
Zuckerrohrfelder und Sumpflandschaften	Varadero und die Provinz Matanzas	2 Tage	72
Koloniale Schätze	Zentralkuba	3–4 Tage	88
Highlights der Provinz Camagüey	Zentralkuba	3–5 Tage	90
Wo Kolumbus landete	Der Oriente	2 Tage	109
Rund um die Sierra Maestra	Der Oriente	3–4 Tage	110
Regenwaldtour rund um Kubas Ostspitze	Der Oriente	4–6 Tage	111

Klima und Reisezeit

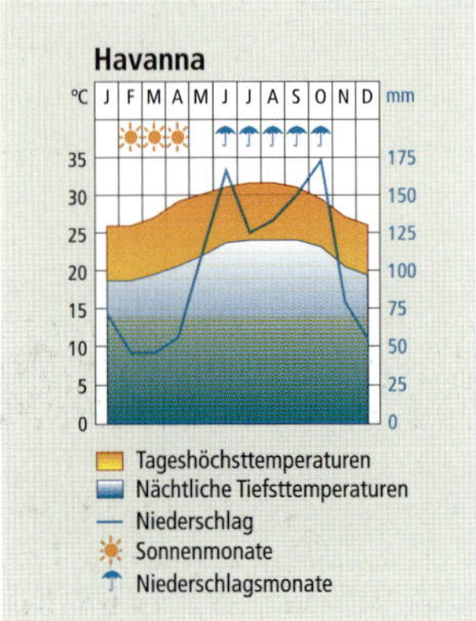

Kuba liegt in der tropischen Randzone, die von der nordatlantischen Hochdruckzone beeinflusst wird. Hier kennt man nur zwei Jahreszeiten: den schwülen »Sommer« (Mai–Okt.) mit teils heftigen Regenschauern und den trockenen »Winter« (Nov.–April). Der kälteste Monat ist der Januar mit 23 °C, und selbst der heißeste Monat Juli mit 30 °C lässt sich im Schatten einer Palme immer noch gut ertragen. Nachts sinken die Temperaturen selten unter 20 °C. Im Osten der Insel, dem Oriente, ist es immer etwas schwüler, heißer und trockener als im Westen.

Wer oft am Strand ist, sollte sich nicht vom frischen Wind täuschen lassen – er nimmt der Sonne nichts von ihrer Kraft. Die beste Reisezeit liegt zwischen Dezember und März. Von Mai bis November steigen Luftfeuchtigkeit und Niederschläge stark an. Dauerregen ist jedoch nicht zu erwarten. Selten bleibt der Himmel den ganzen Tag über grau. Während der kubanischen Sommerferien (Juli–Aug.) ist es zwar am heißesten, dafür geht es an den Stränden besonders fröhlich zu.

Hurrikane

2008 hat es Kuba wieder einmal besonders schlimm getroffen. Binnen einer Woche fegten gleich zwei verheerende Hurrikane über die Insel hinweg. Ende August verwüstete »Gustav« die Isla de la Juventud und die Provinz Pinar del Río, Anfang September schlug »Ike« von Ost nach West eine Schneise durch Kaffee-, Obst- und Zuckerrohrplantagen. Die Schäden gehen in die Milliarden. Hurrikane, mit denen man von September bis November rechnen muss, entstehen, wenn sich das Meer auf über 27 °C aufgeheizt hat, die Lufttemperatur darunter liegt und bei zunehmender Höhe konstant abnimmt. Dann werden große Gewitterwolken unter Einfluss der Erdrotation zu gigantischen Wolkenwirbeln und entladen sich. Zu den Verwüstungen durch Sturm und Regen kommen meist noch Überschwemmungen. Schutz bietet das auf Kuba besonders gut entwickelte Frühwarnsystem. Zwischen 2009 und 2011 ist Kuba von Wirbelstürmen verschont geblieben: eine Atempause für den Wiederaufbau.

Anreise

Condor (Thomas Cook), www.condor.de, fliegt ganzjährig von deutschen Flughäfen nach Havanna, Varadero und Holguín. **Air Berlin** (www.airberlin.com) fliegt nur Varadero an. **Air France** (www.airfrance.com) und **Iberia** (www.iberia.com) bieten besonders häufige Linienflüge über Paris bzw. Madrid an.

Reisen im Land

Auch wenn die Regierung Urlauber lieber in abgeschiedenen Hotels sieht, dürfen Touristen sich auf ganz Kuba frei bewegen. Flüge, Taxis und Viazul-Busse werden mit harten Pesos bezahlt. Sind vor allem Kubaner an Bord, werden stets einige Plätze für Touristen freigehalten.

Mit dem Bus

Individualtouristen stoßen immer wieder auf Fortbewegungsprobleme. Zuverlässig wie ein Uhrwerk funktioniert jedoch der gut ausgebaute Transportservice der Busgesellschaft **Viazul** (www.viazul.com). Reiseagenturen wie **Amistur** (www.amistur.cu) haben feste Busrouten im Programm, zeigen sich aber bei individuellen Wünschen durchaus flexibel und kooperativ. Die Busse sind mit Klimaanlagen ausgestattet.

Mit dem Mietwagen

Internationale Mietwagenfirmen sind auf Kuba nicht vertreten. Kubanische Agenturen bedienen den Markt, z. B.:

- **Havanautos**
  Tel. (7) 649 5197
  www.havanautos.com
- **Cubacar**
  Tel. (7) 204 8416
  www.cubacar.info
- **Rex**
  Tel. (7) 835 6830
  www.rex.cu
- **Micar**
  Tel. (7) 206 9555

Fahrradtaxis sind die Antwort auf chronische Spritknappheit

An *Cupet-Cimex*-Tankstellen kann man rund um die Uhr gegen konvertible Pesos tanken. Die Cupet-Stationen sind inzwischen recht zahlreich über die Insel verteilt.

! Es fahren zwar nicht sehr viele Autos – Vorsicht ist dennoch angebracht: Blinker funktionieren nicht oder werden nicht betätigt. Rechts zu überholen ist normal. Kreuz und quer kommende Fahrradfahrer sind zu beachten. Nachts wärmen sich oft Kühe auf dem Asphalt. Die Mitte der Autobahn ist zudem bei Kubanern ein beliebter Treffpunkt.

Mit dem Taxi

Den Fahrpreis sollte man vorher aushandeln. Inzwischen gibt es nur noch **Cubataxi,** das alle anderen Namen wie Turistaxi und Panataxi unter einem Dach integriert. Privatwagen dürfen offiziell keine Ausländer mitnehmen, tun es aber öfter, besonders in Havanna. Checkpoints verwehren ihnen allerdings die Fahrt nach Varadero und auf die Cayos der Nordküste. In Havanna sind **Bicitaxis** (Fahrradrikschas) für kurze Strecken durchaus zu empfehlen, vor allem für Fahrten am Malecón entlang. Die lustigen dreirädrigen staatlichen **Cocotaxis** sind dagegen eher ein Sicherheitsrisiko.

Mit dem Flugzeug

Dreh- und Angelpunkt ist Havanna. **Cubana de Aviación** und ihre Charterlinie **Aerocaribbean** (Calle 23 No. 64, Vedado, La Habana, Tel. (7) 832 7584) fliegen in die Provinzhauptstädte und bedienen touristische Ziele wie Baracoa, Cayo Largo, Cayo Coco, Trinidad und Varadero. Die Flüge sind häufig ausgebucht.

Special

Unterwegs mit Kindern

Die Kubaner sind sehr kinderfreundlich. An zu lautem Nachwuchs wird sich jedenfalls kein Einheimischer stören. Kinder unter 12 Jahren übernachten in vielen Hotels kostenlos, allerdings kann für ein Extrabett Zuschlag erhoben werden. Ein Babysitter steht immer bereit, und die Pool-Landschaften haben in der Regel ein Plantschbecken. Spezielle Hotelprogramme für Kinder sorgen für Elternfreizeit. Spielzeug sollte man unbedingt von zu Hause mitbringen. Spielsachen werden am Ende der Reise dankbar als Geschenke angenommen. Windeln, Hygieneartikel und spezielle Babynahrung gehören ebenfalls ins Reisegepäck. Kindersitze kennen die Mietwagenfirmen nicht.

Abenteuer zu Wasser und zu Lande

Mit Delfinen zu schwimmen ist vermutlich das Aufregendste, was man Kindern auf einem Kuba-Urlaub bieten kann, auch wenn man dafür in den **Delfinarios** auf dem Cayo Naranjo bei Guardalavaca › S. 114 und in Varadero › S. 78 tief in die Tasche greifen muss. Lust auf die Unterwasserwelt Kubas macht **Aquaworld** › S. 78 in der Marina Chapelin von Varadero. Nach einem Ausflug mit dem »Halb-Unterseeboot« Varasub, durch dessen durchsichtigen Rumpf man trockenen Fußes Fische angucken kann, kriegen selbst die wasserscheuen Sprösslinge Lust auf eine Schnorcheltour. Besonders beliebt ist die Seafari Cayo Blanco.

Oder lieber hinab in Kubas Unterwelt? Durch die **Tropfsteinhöhle** Cueva del Indio › S. 68 bei Viñales im Westen Kubas kann man eine Bootsfahrt auf dem »Unterweltsfluss« San Juan unternehmen, und durch die dunklen Abschnitte der **Cuevas de Bella-**

mar › S. 79 bei Varadero marschiert man mit Stirnlampe.

In den **Morro-Festungen** von Havanna › S. 52 und Santiago › S. 126 langweilen sich Kids bestimmt ebenso wenig. In Santiago guckt man durch Schießscharten auf die tiefblaue Bucht, und es gibt sogar ein Piratenmuseum. In Havanna kann man den Leuchtturm besteigen oder von der Estación Semafórica mit einem extrem starken Nikon-Fernrohr die ganze Stadt absuchen. Um 20.30 Uhr beginnt drüben in der Cabaña-Festung › S. 53 die Kanonenschusszeremonie mit Soldaten in historischen Kostümen.

Aufregend sind die Krokodile im **Criadero de Cocodrilos** › S. 80 von La Boca de Guamá auf der Halbinsel Zapata. Und wenn die Tiere nur langweilig vor sich hindösen, spielt man eben etwas später zwischen den 32 Indianerskulpturen, Pfahlhütten, Stegen und Brücken des **»Taíno-Dorfs« Guamá** › S. 81 in der Laguna del Tesoro karibisch Wildwest.

Oder wie wäre es mit den Dinos im **Valle de la Prehistoria** › S. 133 bei Santiago de Cuba? Mitten in der Landschaft bäumt sich ein Tyrannosaurus Rex auf, watet ein Apatosaurus durch einen Teich, und ein Pterodactylus breitet seine Schwingen aus. Aber was machen denn Mammuts und Säbelzahntiger hier, haben die sich im Zeitalter vertan? Egal, all diese furchterregenden Monstren sind aus bemaltem Zement. Etwas moderner sind die rollenden Dinos des **Oldtimermuseums** › S. 133 gleich nebenan. Hier kann man blitzende Lincolns, Thunderbirds und Cadillacs bewundern. Das angrenzende Miniaturenmuseum zeigt mehr als 2500 Spielzeugautos, darunter auch schnittige Rennwagen.

Mit kubanischen Teens tanzen

Für den minderjährigen Familienanhang öffnen einige Musikpaläste schon nachmittags. Besonders beliebt sind die »Matinees« der neuen Casa de la Música in Centro Habana. Ab 16 Uhr können sich kubanische und ausländische Teens hier die Schuhe durchtanzen. Für Minderjährige gibt's keinen Alkohol. Wer sich in einen Pulk mit kubanischen Teens mischt, »rutscht« oft für wenige Pesos nacionales mit durch. Falls nicht, kostet der Spaß 5 Pesos convertibles › S. 139.

Casa de la Música
Galiano e/ Concordia y Neptuno
Centro Habana
Tel. (7) 862 4165

Sport und Aktivitäten

Tauchen und Schnorcheln

Kubas Korallenriffe, die zu den größten der Welt gehören, sind wahre Tauchparadiese. Der Korallenwuchs erstreckt sich bis in 40 m Tiefe. Rund um die ganze Insel gibt es markierte Tauchzonen. Die schönsten sind die Reviere von Isla de la Juventud, Cayo Largo, María La Gorda und der Cayería del Norte. Die kubanischen Korallenriffe stehen unter Naturschutz. Es ist streng verboten, mit Harpunen und Speeren auf Jagd zu gehen. Korallen dürfen nicht abgebrochen, Muscheln o. Ä. nicht aus dem Wasser geholt werden. Mancherorts, z. B. bei Cayo Levisa, führen archäologische Tauchgänge zu gesunkenen Schiffen. Die einzelnen Tauchzentren sind der *CMAS (Confédération Mondiale de l'Activité Subaquatique)* angeschlossen; die Gruppen werden fachkundig betreut.

Tauchschulen sind in fast allen größeren Hotels an der Küste zu finden. Sichere Ausrüstungen, Geräte und Bleigewichte sind vorhanden, teilweise aber nur in begrenzter Zahl. Für Flossen, Taucherbrille etc. sollte man besser selbst sorgen. Für Anfänger gibt es Schnupperkurse. Fortgeschrittene müssen eine Tauglichkeitsbescheinigung, die nicht älter als ein Jahr sein darf, ein Logbuch und ein Brevet vorlegen. Ein Tauchgang kostet vor Ort 25–35 CUC, ein Paket von zehn Trips 200 bis 280 CUC (Infos z.B. unter www.cuba-diving.de). Ein zuverlässiger Organisator von Tauchreisen nach Kuba ist **Nautilus,** Pfarrgasse 1, 82266 Inning, Tel. (08143) 9310-0, www.nautilus-tauchreisen.de.

Segelspaß mit dem Katamaran im türkisblauen Meer vor Cayo Levisa

Segeln und Surfen

Die ständigen Passatwinde sorgen für ideale Bedingungen. Segel- und Surfstationen, bei denen man Boote oder Bretter ausleihen kann, sind eher selten; eine befindet sich beim Hotel »Internacional«, Ctra. de las Américas, Varadero.

Wellness

La Pradera, Kubas Zentrum für Wellnesstourismus, ist bei Havanna, Tel. (7) 271 0825. Anti-Aging, Anti-Stress- und Entzugsbehandlungen, Schlankheitskuren, Ozon- und Lasertherapien sowie medizinische Versorgung durch die besten Ärzte Kubas werden hier geboten. Wellness wird außerdem im **Balneario San Diego de los Baños** in der Provinz Pinar del Río, Tel. (48) 377 8180, und im **Parque Natural Topes de Collantes** in der Sierra de Escambray, Tel. (42) 54 0117, großgeschrieben. Als Wellnesstempel versteht sich auch das Hotel **Occidental Gran Playa Turquesa** bei Guardalavaca.

Golf

Es gibt zwei Golfplätze:

- **Club de Golf**

Ctra. de Vento, km 8, Reparto Capdevila, Ave. Rancho Boyeros, Havanna, Tel. (7) 649 8918, (18 Löcher).

- **Varadero Golf Club**

an der Carretera Las Américas, Tel. (45) 66 8482, www.varaderogolfclub.com, (18 Löcher).

Reiten

Pferde können in den touristischen Zentren direkt in den Hotels gebucht werden. Am besten reitet man in den kühlen Morgenstunden.

Unterkunft

Seit die Partei den Tourismus zum Retter der Nation erklärt hat, behandelt sie ihn wie ein seltenes Pflänzchen. Die alten Grandhotels im Kolonialstil werden aufgepeppt, neue Herbergen im großen Stil erbaut. Für alle Sparten der Tourismusindustrie wurden eigene Unternehmen gebildet, die den Betrieb zentralistisch verwalten. Für Luxushotels ist die Gruppe *Gran Caribe* zuständig, für die (gehobene) Mittelklasse *Cubanacán* und *Gaviota*, während *Islazul* einfache Hotels betreut. In Havanna wandelt *Habaguanex* ein Kolonialhaus nach dem anderen in kleine, feine Hotels um. Man sollte aber bei jeder Reservierung daran denken, dass Kubas Hotelsterne nicht den europäischen entsprechen.

! Der Zugang zu Hotels wird durch die Gästekarte, *tarjeta de huesped,* und (bei All-inclusive-Reisen) ein Plastikarmband geregelt. Im Hotelrestaurant dienen sie als Eintrittskarte und Voucher; sie sind auf Verlangen vorzuzeigen. Außerhalb des Hotels gilt die Gästekarte als Ausweis (Pass kann im Hotel bleiben). Individualtouristen können Tagespässe erwerben, die zur Nutzung aller Hoteleinrichtungen berechtigen.

Hotels

Zum Standardangebot von Luxushotels gehören Restaurants, Bars, Souvenirladen, Reisebüro und Mietwagenstation. Viele Hotels verfügen zudem über Pool, Sportcenter, Disco und Notfallstation. Touristen bekommen die Versorgungsengpässe nicht unmittelbar zu spüren. Ratsam ist es, als Erstes die Klimaanlage zu überprüfen. In den Hotels außerhalb der Touristenzentren sollte man seine Ansprüche nicht zu hoch schrauben. Die Kubaner bemühen sich aber, den Wünschen ihrer Gäste gerecht zu werden.

Villas, Camping und Privatzimmer

Villas oder *cabañas* sind durchweg ordentliche Bungalows in Feriensiedlungen, in denen die Gäste die Einrichtungen des Hotels mitnutzen können. Individualtouristen finden auf Kuba preiswerte, einfache Campingplätze und viele Privatzimmer › S 22.

Echt gut!

Die schönsten Hotels für Individualisten

- Das **Beltrán de la Cruz,** ein feines Boutique-Hotel in der Altstadt von Havanna, glänzt mit besonders hübschen Zimmern in der Nähe der Plaza Vieja. › S. 55
- Das **Los Jazmines** ist ein hübsches rosa Hotel im Kolonialstil mit dem schönsten Ausblick auf das Viñales-Tal. › S. 68
- Du Ponts Millionärsvilla am Strand von Varadero ist heute die **Mansión Xanadú** mit sechs edlen Zimmern, prunkvollen Bädern und Traumaussicht. › S. 74
- Das **Hostal Palacio Azul** in Cienfuegos ist ein azurblauer Palast von 1921 mit nur sieben Zimmern und herrlichem Ausblick von der Dachkuppel. › S. 93
- In Trinidad sind viele komfortable Privatunterkünfte wie die **Casa Colonial Muñoz** in großzügigen Kolonialhäusern untergebracht und mit Antiquitäten eingerichtet. › S. 97
- Klein, aber fein lautet die Devise im **Hostal de Rijo** von 1827, das allein den Aufenthalt in Sancti Spíritus lohnt. › S. 100
- Nostalgische Pracht genießt man im perfekt restaurierten und verblüffend preiswerten Hotel **Colón** in Camagüey. › S. 106
- Ein historisches Grandhotel im Herzen Santiagos mit schöner Dachterrasse ist das **Casa Granda.** › S. 127
- Ideal für Strandromantiker ist das Hotel **Villa Maguana** an der goldgelben, palmengesäumten Playa Maguana bei Baracoa. › S. 137

Special

Kuba privat

Weil der Staat Einheimischen den Zutritt in die Hotelzimmer verwehrte, suchten manche Touristen nach Alternativen und stellten fest, dass Privatzimmer nicht nur rund halb so teuer waren, sondern auch mehr Herzlichkeit und Komfort boten als viele im sozialistischen Schlendrian verharrende Hotels. 1993 legalisierte der Staat schließlich, was nicht mehr zu verhindern war – und verdient inzwischen kräftig mit: Bis zu 300 CUC Pauschalsteuer müssen die Vermieter jeden Monat abführen, ohne jegliche staatliche Gegenleistung. Dafür dürfen sie ein hellblaues Schild mit der Aufschrift **Arrendador Inscripto** an der Haustür anbringen. Ein Hinweisschild auf der Straße kostet 45 CUC extra. Gewinn ist da nicht mehr viel zu machen. Die meisten Vermieter verdienen sich einige harte Pesos extra durch Zusatzleistungen wie Frühstück und Abendessen, die sie laut Gesetz ohne Sondergenehmigung gar nicht anbieten dürfen. Manche Casa ist wieder in die Illegalität zurückgegangen. Dort zu wohnen ist zwar für Touristen nicht strafbar, doch besteht das Risiko, um drei Uhr morgens von einer Polizeikontrolle überrascht und in ein teures Hotel verfrachtet zu werden. Nächtliche Polizeikontrollen sind gerade in der Provinz nicht selten. Legale Vermieter erkennt man daran, dass der Besitzer gewissenhaft die Passdaten des Gastes in einem gelben Heft notiert und eine Quittung ausstellt. Wer in einer legalen Casa mit kubanischem Freund oder Freundin übernachtet, sollte wissen, dass der Vermieter verpflichtet ist, deren Ausweisnummer zu notieren.

Kubanische Gastlichkeit

Legale Casas achten sehr auf Sicherheit, oft haben sie schwere Eisengittertüren angebracht, und stets ist jemand im Haus. Es gibt kaum eine bessere Gelegenheit, in kubanisches Leben einzutauchen: Die Matratzen sind vielleicht nicht immer die besten, die Dusche tröpfelt gelegentlich nur lauwarm, doch die meisten Vermieter kompensieren das mit einer geradezu überwältigenden Gastfreundschaft, und es gibt fast nichts, was sie nicht für ihre Gäste organisieren können: vom Chauffeur bis zum privaten Sprach- und Salsakurs. In Havanna (Vedado und Miramar) kostet eine gute Casa wegen der hohen Steuern ungefähr 25 bis 50 CUC, in der Provinz hingegen etwa 15 bis 25 CUC.

In Varadero (Provinz Matanzas) und Guardalavaca im Oriente sind keine Casas zugelassen, da sie den staatlichen Hotels zu große Konkurrenz machen würden, doch wer sich etwas durchfragt, findet auch hier, was er sucht – mit dem entsprechenden Risiko, das nicht lizenzierte Casas bergen.

In Trinidad dagegen ermutigt der Staat die Privatvermieter, weil er selbst im Ort kaum adäquate Unterkünfte anbietet.

Buchung

Buchungen über Websites, die meist von Exilkubanern mit Verwandten auf Kuba betrieben werden, sind leider nicht allzu verlässlich. Außerdem erfährt man die Adresse oft erst nach der Buchung. Doch überall im Land bekommt man Tipps, und man wird gern von Casa zu Casa weiterempfohlen.

Aber Vorsicht: Wer sich von einem Schlepper *(jinetero)* hinbringen lässt, zahlt dessen Kommission von 5 CUC zusätzlich, und zwar täglich!

Unter www.cubaguide.de kann man die kommentierten Adressen von über 1100 Privatunterkünften abrufen. Dabei handelt es sich überwiegend um Empfehlungen anderer Kubareisender.

Zwei Adressen

■ **Jorge Coalla Potts**

Calle 14 N°456, Apto 11, entre 21 y 23
Vedado][La Habana
Tel. (7) 832 9032
www.havanaroomrental.com

Sehr komfortables helles Zimmer mit privatem, schön gefliestem Bad, heißem Wasser, Telefon und Kühlschrank. Reizender Salon mit Schaukelstühlen, TV, Video. Erstklassige Lage. Großzügige Vermieter mit vielen Kontakten. ●

■ **Casa Muñoz**

José Martí 401, e/ Fidel Claro y Santiago Escobar
Trinidad
Tel. (41) 99 3673
www.casa.trinidadphoto.com

Die schönste Casa im Kolonialstädtchen Trinidad, mit erlesenem Mobiliar. Toller Altstadtblick von der großen Dachterrasse. ●

Land & Leute

Steckbrief][Geschichte im Überblick][
Die Menschen][Religion][Kunst und
Kultur][Feste und Veranstaltungen][
Essen und Trinken][Shopping

Steckbrief
Kuba

Einwohner: 11,3 Mio; Großraum Havanna 2,5 Mio
Fläche: 110 860 km²
Hauptstadt: Havanna
Amtssprache: Spanisch
Staatsform: Sozialistische Republik

Nationalfeiertag: 1. Januar (Sieg der Revolution 1959)
Landesvorwahl: 0053
Währung: Für Touristen maßgeblich sind Pesos convertibles (CUC).
Zeitzone: MEZ –6 Std. (Sommerzeit in etwa wie Europa)

Lage und Landschaft

Die größte Antilleninsel erstreckt sich vom westlichsten Punkt Cabo San Antonio bis zur Punta de Quemados im Südosten über 1250 km, an ihrer schmalsten Stelle misst sie 31 km, an der breitesten 191 km. Die höchste Bergkette, die Sierra Maestra, erreicht am Pico Turquino 1972 m. Zwischen den Bergketten liegen weiträumige Landschaften, die sich allenfalls zu sanften Hügeln aufwölben. In den Ebenen wird intensiv Zuckerrohr angebaut.

Zum kubanischen Archipel gehören auch die 3061 km² große Isla de la Juventud und über 4000 zumeist unbewohnte Eilande und Cayos aus Korallenkalk.

Mangrovenwälder bedecken weite Strecken der südlichen Küste, besonders in den sumpfigen Gebieten der Zapata-Halbinsel. Die weißen, feinen Strände findet man dagegen vor allem an der Nordküste.

Natur und Umwelt

Ein Großteil der Wälder aus Pinien, Eichen und Tropenhölzern fiel der extensiven Plantagenwirtschaft zum Opfer. Tabak, Ananas und Maniok bauten bereits die Taínos an. Kaffee, Bananen und Zuckerrohr kamen mit den spanischen Siedlern. Dicht bewaldetes Gebiet hat sich nur in den Bergen erhalten.

Im Landesinneren prägen Palmen das Bild. Rund 30 Arten gedeihen auf Kuba. Die Königspalme *(Palma real)*, die eine Höhe von bis zu 40 m erreicht, ist Kubas Nationalbaum.

Aus der duftenden weißen Nationalblume *Mariposa* (Schmetterlingsblume) wird das gleichnamige Parfüm hergestellt.

Zum Nationalvogel wurde der Tocororo gekürt, dessen Federkleid die Farben der kubanischen Flagge trägt. Häufig sieht man Truthahngeier, weiße Kuhreiher und Pelikane, die nach Fischen tauchen. Vom Aussterben bedroht sind die Kubakrokodile, die auf der Halbinsel Zapata und der Isla de la Juventud leben, sowie das Almiquí, ein dachsähnliches Säugetier.

Unter Wasser herrscht reiches Leben: Taucher können neben Korallen, Muscheln, Schnecken und Algen rund 900 verschiedene Fischarten bewundern.

Staat und Politik

Die 1965 gegründete Kommunistische Partei Kubas, *Partido Communista de Cuba* (PCC), ist Staatspartei. An der Spitze der Sozialistischen Republik stand seit 1959 Fidel Castro Ruz, dem 2008 sein Bruder Raúl als Staats- und Regierungschef, Oberbefehlshaber der Streitkräfte und PCC-Generalsekretär nachfolgte. Macht besitzen auch die 589-köpfige Nationalversammlung und der Staats- und Ministerrat, dessen Präsident wiederum Raúl Castro ist.

Jedem Häuserblock ist ein *Comité de Defensa de la Revolución* (CDR) zugeordnet. Neben sozialen Aufgaben dient der CDR auch der Überwachung der Bevölkerung. Immer wieder werden Regimekritiker zu langen Haftstrafen verurteilt.

Neuerdings wird eine Föderation mit Venezuela ins Spiel gebracht, von dessen Öl Kuba völlig abhängig ist.

Wirtschaft

Die Zuckerwirtschaft ist inzwischen unrentabel geworden. Mit der Legalisierung des US-Dollars (2005 durch den konvertiblen Peso abgelöst), der Duldung privaten Unternehmertums und der Öffnung für Joint Ventures mit ausländischen Investoren stabilisierte sich Kubas Wirtschaft nach schwerer Krise. Selbstständige *bizneros*, besonders Zimmervermieter und Privatrestaurants, gängelt die Regierung jedoch oft mit Vorschriften und Steuern.

Wichtige Wachstumsbranchen sind Biotechnologie und Pharmazeutik, außerdem setzt das Land verstärkt auf den Tourismus und moderne Dienstleistungen. Immer mehr Hotels werden eröffnet, einsame Koralleninselchen erschlossen, auf denen Devisenbringer unbehelligt von der kubanischen Realität Urlaub machen sollen. 2,7 Mio. Touristen kamen 2011 laut offiziellen Angaben nach Kuba, doch ein Großteil der Einnahmen geht für den Import kostspieliger Konsumgüter eigens für die Urlauber wieder drauf.

Die vermutlich größte Einnahmequelle sind die Überweisungen der Exilkubaner aus Miami.

Geschichte im Überblick

Ab 2000 v. Chr. Erste Besiedlung Kubas von Venezuela aus durch die indianische Kultur der Taínos.

1492 Am 28. Oktober entdeckt Christoph Kolumbus Kuba.

1512 Der spanische Konquistador Diego Velázquez erobert die Insel. Beginn der Ausbeutung der indianischen Urbevölkerung, die mit deren Ausrottung endet.

1522 Erste Sklavenschiffe laufen ein. Viele Spanier wandern ab, weil sie auf der Insel kein Gold finden.

1561 Spanien erklärt Havanna zum Sammelpunkt seiner Silberflotte. Ständige Überfälle von Piraten.

1607 Havanna wird Hauptstadt der spanischen Kolonie Kuba.

Um 1780 Beginn des Sklavenhandels im großen Stil.

Um 1800 Rund 30 000 französische Pflanzer fliehen vor dem Sklavenaufstand auf Haiti nach Kuba, das weltgrößter Zuckerexporteur wird.

1868–1878 Im ersten Unabhängigkeitskrieg unterliegen die Kubaner unter Carlos M. de Céspedes der spanischen Kolonialmacht.

1880 Offizielle Abschaffung der Sklaverei. Sklaven bleiben ihren Herren jedoch bis 1886 unterstellt.

1895–1898 Im zweiten Unabhängigkeitskrieg scheitert der Poet José Martí. Er fällt 1895 im Oriente (bei Bayamo) im Kampf.

1898 Die USA greifen in den Kolonialkrieg ein. Spanien tritt die Insel an die USA ab.

1901 Die neue Verfassung sieht den Abzug der US-Truppen vor, gesteht den USA aber im »Platt Amendment« ein uneingeschränktes Interventionsrecht und den Flottenstützpunkt Guantánamo zu.

1902 Kuba wird Republik, bleibt jedoch unter US-Kontrolle.

1925 General Gerardo Machado wird Präsident und errichtet eine Diktatur.

1933 Sergeant Fulgencio Batista y Zaldívar putscht. Er selbst kommt erst 1940–1944 auf den Präsidentenstuhl. Danach zieht er als Armeechef im Hintergrund die Fäden.

1952 Als die Wiederwahl des gegenüber Batista loyalen Präsidenten Carlos Prío Socarrás gefährdet ist, putscht Batista und errichtet eine Diktatur.

1953 Der Sturm auf die Moncada-Kaserne unter Castro scheitert. Nach zwei Jahren Haft geht er ins Exil nach Mexiko.

1956 Castro und »Che« Guevara kehren mit der Jacht »Granma« zurück und beginnen den Guerillakrieg.

1959 Sieg der Revolution, Machtübernahme Castros und Flucht Batistas nach Portugal. Beginn des bis Mitte der 60er-Jahre andauernden Exodus reicher und gebildeter Kubaner.

1960 Entschädigungslose Verstaatlichung von US-Unternehmen auf Kuba; die USA antworten mit Handelsbeschränkungen.
1961 Im April starten Exilkubaner mit Unterstützung der CIA in der Schweinebucht einen erfolglosen Invasionsversuch. Im Dezember wird Kuba zur Sozialistischen Republik erklärt.
1962 Totales Wirtschaftsembargo der USA. »Kuba-Krise«: Im September droht ein dritter Weltkrieg, bis die UdSSR auf Stationierung von Raketenbasen auf Kuba verzichtet.
1965 »Che« Guevara trägt den Guerillakampf nach Bolivien und wird dort 1967 erschossen.
1968 Die klassenlose Gesellschaft wird zum Staatsziel erklärt, alle kleinen Privatbetriebe verstaatlicht.
1976 Kuba tritt dem RGW bei und bindet sich wirtschaftlich noch stärker an den Ostblock.
1980 Unruhen in der Bevölkerung. Über 100 000 Kubaner (»marielitos«) verlassen nach Besetzung der peruanischen Botschaft in Havanna über den Hafen Mariel das Land.
1989 Die angebliche Verstrickung des beliebten Generals Ochoa in Drogengeschäfte führt zu internen politischen Säuberungen.
1993 Legalisierung des US-Dollars und Wirtschaftsreformen.
1994 Schwere Wirtschaftskrise (»periodo especial«). Nach befristeter Straffreiheit bei illegaler Ausreise flüchten über 30 000 *balseros* (»Flößer«) auf einfachen Holzbooten in die USA.
1996 Wirtschaftsblockade der USA gegenüber Kuba (der sogenannte »Helms-Burton-Act«).
1998 Papst Johannes Paul II. besucht Kuba.
1999 Am Iberoamerikanischen Gipfel in Havanna nimmt auch das spanische Königspaar teil.
2000 Tauziehen mit den USA um den Flüchtlingsjungen Elian.
2001/02 Die USA errichten in Guantánamo ein Gefangenenlager zur Internierung von mutmaßlichen Mitgliedern der Taliban und der Al-Qaida.
2002 Ex-Präsident Jimmy Carter besucht Kuba. Als erster US-Politiker hält er hier eine Fernsehansprache. In ihr kritisiert er Bushs Embargopolitik.
2003 Repressionswelle gegenüber Regimegegnern führt zu vorübergehender politischer Eiszeit zwischen Kuba und der EU.
2004 Präsident Bush verschärft das US-Handelsembargo gegen Kuba. Energiekrise. Kooperationsabkommen mit China.
2005 Der konvertible Peso (CUC) ersetzt den US-Dollar. Kuba und Venezuela gründen die Wirtschaftsgemeinschaft ALBA.
2006 Nach schwerer Erkrankung Fidels übernimmt sein Bruder Raúl die Amtsgeschäfte.
2008 Raúl Castro wird Staats- und Parteichef. Wirbelstürme richten verheerende Schäden an.
2010 Fidel Castro tritt wieder öffentlich auf. Raúl fördert vermehrt selbstständige Arbeit und lässt politische Gefangene frei.
2012 Im März besucht Papst Benedikt XVI. Kuba.

Die Menschen

In Kuba leben knapp 11,3 Mio. Menschen. Gut ein Fünftel der Kubaner wohnt in Havanna. Einfach haben sie es auch nach 15 Jahren »Sonderperiode« nicht. *Luchar* und *resolver,* kämpfen und sich irgendwie durchwursteln: Das beherrscht jeder Kubaner perfekt. Selbst die schlimmste Ebbe in der Haushaltskasse hält die Kubanerin nicht davon ab, im Schönheitssalon Frisur und Nägel auf Hochglanz zu bringen, und mit ein, zwei Flaschen Rum und ein paar Salsa-CDs organisiert jeder Kubaner binnen Minuten ein ausgelassenes Fest.

Bildung und Gesundheitswesen

Die Alphabetisierungskampagne 1961 war der erste große Erfolg des sozialistischen Kuba. Ganztagsschulen sorgen dafür, dass die Mütter ungehindert ihrem Beruf nachgehen können, auch körperlich und geistig behinderte Kinder werden oft aufopfernd von ausgebildeten Fachkräften betreut. Kuba ist führend in der Entwicklung alternativer Heilmethoden. Fast nirgendwo sonst in Amerika ist die Kindersterblichkeit niedriger, die mittlere Lebenserwartung höher als auf Kuba.

Schon jetzt exportiert Kuba Ärzte, Ingenieure, Agrarwissenschaftler und Techniker in lateinamerikanische und afrikanische Länder. Immer mehr Ärzte und Lehrer werden zur »Entwicklungshilfe« nach Venezuela geschickt. Im Gegenzug erhält Kuba von dort verbilligte Öllieferungen.

Waschtag am Fluss

Ethnische Gruppen

Rund 300 000 Indianer – Taínos und Siboneys – lebten zur Zeit der Entdeckung friedlich auf der Insel. Sie wurden von den Spaniern versklavt und innerhalb von 50 Jahren nahezu ausgerottet.

Die Mehrheit der Kubaner ist europäischer, meist spanischer Abstammung, doch findet man im Land Menschen unterschiedlichster Herkunft und Hautfarbe.

So richtig in Schwung kam die Einwanderung in die Kolonie erst im 18. Jh., als mit der Unabhängigkeit der USA ein gewaltiger Zuckerboom einsetzte. Im Osten Kubas ließen sich nach 1791 rund 30 000 französische Pflanzer nieder. Mit den Plantagen stieg auch der Bedarf an Sklaven. Auf den Märkten wurden rund 1 Mio. Afrikaner von den Küsten Senegals und Guineas, vor allem Yorubas, Congos und Carabalís, verkauft. Nach dem Verbot des Sklavenhandels um 1850 nahmen die Großgrundbesitzer 125 000 chinesische Kulis unter Vertrag.

Exilkubaner

Unmittelbar nach der Revolution verließen viele Weiße das Land. Mit den Flüchtlingswellen von 1980 und 1994 schwoll die Zahl der Exilkubaner auf über 1 Mio. an: Die Hälfte von ihnen sind inzwischen US-Bürger. Einer Umfrage zufolge treten 40 % der Exilkubaner für einen Dialog mit Kuba ein, nicht wenige machen längst Geschäfte mit ihrer Heimat.

Die Instrumentalisierung des Flüchtlingsjungen Elian für ihre politischen Zwecke hat die Exilkubaner im Jahr 2000 viele Sympathien gekostet. Nachdem Mutter und Stiefvater bei der Flucht ertrunken waren, wollten Elians Verwandte in Miami den Jungen bei sich behalten. Nach heftigen Auseinandersetzungen kehrte Elian jedoch zu seinem Vater nach Kuba zurück. Wut, Frustration, Trauer und etwas Hoffnung bestimmen bis heute die Beziehung zwischen Miami und Havanna.

Religion

Der klassische Katholizismus war auf Kuba eher eine Sache der städtischen Mittel- und Oberschicht, die nach 1959 in Scharen das Land verließ. Die armen *campesinos,* ob weiß oder schwarz, fühlten sich bei den synkretistischen Kulten der Naturreligionen, die auf überlieferten und geheim gehaltenen Mythen beruhen, besser aufgehoben.

Heute besteht weitgehend ein friedliches Nebeneinander von Kirche und Staat. Als Sammelbecken und Forum für Dissidenten bleibt die

Kirche aber den Hardlinern des Politbüros ein Dorn im Auge. Dabei ist sie heute in erster Linie eine wichtige soziale Institution.

Den Besuch von Papst Johannes Paul II. 1998 nutzten beide Seiten für ihre Zwecke: Fidel freute sich über die Verurteilung des US-Embargos, der Papst forderte vor Millionen von Menschen die Öffnung Kubas. Die größte Sorge des Papstes galt den afrokubanischen Kultformen, die längst alle Gesellschaftsschichten durchdrungen haben. Zu den wichtigsten Kulten gehören *Santería*, *Palo Monte* und der Geheimbund *Abacuá.* Eine Hochburg der Santería sind in Havanna die Stadtteile Gunabacoa und Regla. 2012 besuchte Papst Benedikt XVI. die Insel.

Immer größeren Zulaufs erfreuen sich auch protestantische Glaubensgemeinschaften.

Heilige Geister

In der Glasnische im ersten Stock der Wallfahrtskirche El Cobre in der Sierra Maestra thront über dem Altar die zierliche Figur der *Virgen de la Caridad* (»Jungfrau der Barmherzigkeit«) im prachtvollen goldenen Kleid. Nur Eingeweihte ahnen, dass die auf den Betbänken andächtig Knienden hier womöglich nicht die katholische Madonna verehren, sondern die afrikanische Liebesgöttin *Oshún,* Göttin der Blumen und Flüsse, der Koketterie und Lebenslust, eine Hauptgöttin im Santería-Kult. Außer Oshún gibt es in der afrokubanischen Götterwelt noch mindestens 20 weitere religiöse Zwitter. Da ist zum Beispiel Oshúns Gemahl *Shangó,* der Gott der Manneskraft und des Krieges. Als katholisches Pendant wurde ihm die hl. Barbara zugewiesen. *Eleguá* ist dagegen das Double des hl. Antonius; er herrscht über das Schicksal, indem er die Wege zum Glück öffnet oder schließt.

Die afrikanischen Götter, die *orishas,* kamen mit den Sklaven. Trotz Zwangstaufe praktizierten die Afrikaner ihren Glauben heimlich weiter. Allmählich vermischten sich unter dem Mantel des Katholizismus Heilige und Geister. Es entstand eine synkretistische Glaubenswelt, die Santería.

Als Vermittler zwischen Geisterwelt und Menschen fungiert der *santero,* der Priester, der zugleich Zeremonienmeister und Zukunftsdeuter ist. Bei Zeremonien tanzt er zum dröhnenden Klang der Trommeln, mit dem die Dämonen zur Erde geholt werden sollen, damit sie von den Körpern der *santeros* Besitz ergreifen und zu ihnen sprechen.

Afrokubanische Gottheiten tragen sowohl göttliche als auch menschliche Züge. Die Orishas gehören zur Familie. Jede Person hat ihren eigenen Schutzgott, den *santo,* der ihr bei allen Problemen zur Seite steht. Zum Zeichen der Verbundenheit trägt man unter der Armbanduhr ein Stoffband in seiner Lieblingsfarbe. Für gute Taten wird er belohnt, etwa mit Naturalien oder tatsächlich mit Geld. Erhört er die Fürbitten jedoch nicht, wird er gescholten und bestraft.

Kunst und Kultur

Architektur

Das architektonische Erbe der Taínos sind die *bohíos,* einfache **Bauernhütten,** deren Hauptbaumaterial die Königspalme ist. Mit den Spaniern kamen im 16. Jh. der Steinbau und die iberische Architektur nach Kuba. Eines ihrer Merkmale sind parkähnliche Plätze, um die herum sich Stadtverwaltung und Kirche, Paläste und Bürgerhäuser gruppieren.

Mit **Kolonialstil** ist der Zeitraum zwischen 1492 und 1898 gemeint. In diesen 400 Jahren gab es unterschiedliche Ausprägungen, etwa den klassizistischen Stil, der Kubas Städte mit Arkaden, Terrassen und Säulen verschönerte. Im 16. und 17. Jh. entstanden zunächst viele Paläste im Mudéjarstil: Sie hatten eine einfache, zweistöckige Grundstruktur, oft hufeisenförmige Bögen und einen *patio* (Innenhof). Für eine frische Brise sorgten die schwingenden Patiotüren, *mamparas* genannt.

Im 17. Jh. wurden über Fenstern und Türen Öffnungen mit fächerartigen, beweglichen Lamellen, *persianas,* angebracht. Sie ließen die Luft zirkulieren und begrenzten zugleich den Lichteinfall. Auch die bis zum Boden reichenden, unverglasten hohen Fenster, die nur leicht mit Holzläden verschlossen werden, lassen genügend Luft herein. Sie sind durch hübsche Gitter, *barrotes,* gesichert. Hinter den *barrotes* beobachten die Kubaner vom Schaukelstuhl aus das Straßengeschehen. Die schmalen Balkone im ersten Stock sind überdacht und werden von Säulen gestützt. Typisch sind die verzierten Balkongitter; im Schutz dieser *guar-*

Kolonialarchitektur – etwas heruntergekommen, aber voller Charme

davecinos kann man in aller Ruhe den Nachbarn zusehen, ohne selbst gesehen zu werden.

Film

Seit den 60er-Jahren hat sich Kuba zu einem Zentrum des lateinamerikanischen Filmschaffens entwickelt. An der Filmschule ICAIC bei Havanna studieren angehende Regisseure aus aller Welt. Die kubanischen Filmemacher verarbeiteten Elemente des italienischen Neorealismus, der französischen Nouvelle Vague, des unabhängigen US-Kinos und sowjetische Klassiker. Sehenswerte kubanische Filme sind »Alicia im Ort der Wunder« (1990) von Daniel Díaz Torres, »Erdbeer und Schokolade« (1994) von Tomás Gutierrez Alea, »Kubanisch reisen« (2000) von Juan Carlos Tabío, »Barrio Cuba« (2006) von Humberto Solas und »Lisanka« (2010) von Daniel Díaz Torres.

El ritmo cubano

Was kubanische Musik so faszinierend macht, ist ihre einzigartige Rhythmik. Rumba, Mambo und Cha-Cha-Cha lösten im Laufe des 20. Jhs. wahre Tanzwellen aus. Als Vorläufer der Salsa gilt der *son cubano,* ein Musikstil mit Wechselgesang, der aus der Kombination spanischer Harmonien mit westafrikanischen Rhythmen entstand. Typisch für den *son* ist ein Vorsänger, dem zwei Sänger im Refrain antworten, immer unterstützt durch die *maracas* (Rasseln). Zu den Instrumenten des ursprünglichen *son* zählen ferner die *tres,* eine Art Gitarre mit drei Doppelsaiten, und *bongos,* Handtrommeln. Später kamen weitere Perkussionsinstrumente hinzu. Die zweitaktige *clave* (span. »Schlüssel«) ist der Herzschlag von *son* und Rumba. Auf der Basis der *clave* entwickelten vor allem Los Van Van die aktuelle Form der tanzbaren Salsa, während die Gruppe Irakere mehr zum modernen Jazz tendiert. Ein Meister des *son* war der 2003 verstorbene Pianist Rubén González.

Neben der Tanzmusik sind auch Klänge aus Westafrika in Reinkultur überliefert. Die Vorfahren schwarzer Kubaner stammten hauptsächlich aus dem Gebiet der Yoruba (heute Nigeria und Benin). Für sie waren Gesang, Tanz und Trommeln eng mit dem Glauben an ihre Gottheiten *(orishas)* verbunden und somit von zentraler Bedeutung im täglichen Leben. Alles wurde einem bestimmten *orisha* zugeordnet, für den die Yoruba jeweils mindestens einen Rhythmus erfanden. Bis heute schöpfen die Kubaner aus diesem Fundus.

Bei Festen und Zusammenkünften erklingen die überlieferten Rhythmen auf den traditionellen *batas,* länglichen, beidseitig bespannten Trommeln mit einer größeren und einer kleineren Schlagfläche. In europäischen Ohren mag diese Musik wie ein wildes Durcheinander klingen, tatsächlich ist sie aber streng strukturiert. Von der Exaktheit aller Abläufe hängt nämlich das Gelingen der Zeremonie ab. Die *orishas* verlangen Disziplin, nicht Improvisation.

Literatur

Bei den meisten Kubanern beliebt sind die Werke des berühmten Dichters **José Martí** (1853–1895), der für die Freiheit starb, und die Bücher von **Nicolás Guillén** (1902–1989), der seine Gedichte afrokubanischen Themen widmete. Nicht nur unter Akademikern hat sich **Fernando Ortíz** (1881–1969) als Soziologe, Ethnologe und Erforscher der musikalischen Wurzeln Kubas einen Namen gemacht. **Alejo Carpentier** (1904–1980), Gefangener des Machado-Regimes, dann Konsul in Paris, wurde zum bekanntesten Romancier außerhalb Kubas; mit zehn Werken ist er zugleich der meistübersetzte. Die wichtigsten Vertreter des neuen kubanischen Romans sind **Miguel Barnet** (geb. 1940) und **Reinaldo Arenas** (1943–1990). Das verbale Trommelfeuer, mit dem der Romancier **Jesús Díaz** (1941–2002) die Zustände der Gegenwart kritisierte, hat ihm die erklärte Feindschaft Castros eingetragen. Der Literat lebte im Exil. Hintergrund des preisgekrönten Romans »Drei traurige Tiger« von **Guillermo Cabrera Infante** (1929–2005) ist das Nachtleben Havannas in den späten 1950er-Jahren. Auf Kuba viel gelesen wird außerdem der Krimiautor **Leonardo Padura Fuentes** (geb. 1955), der auch heiße soziale Themen anpackt.

Revolutionskultur

Vor gut 50 Jahren gab es auf der Insel nur sieben Museen, heute sind es 240. Die meisten entstanden nach 1959, um die Zeit der Revolution zu verewigen. Jeder noch so kleine Ort rühmt sich eines Memorabilientempels, in dem die skurrilsten Revolutionsreliquien sorgsam aufbewahrt werden.

Unzählige Monumente, propagandistische Wandmalereien und plakative Sprüche auf Mauern und Hauswänden rufen dem Volk die väterliche Präsenz der Helden der Nation, »Che«, Fidel, Cienfuegos und Martí, stets aufs Neue ins Bewusstsein.

Feste und Veranstaltungen

Karneval

Der Karneval ist das ausdrucksstärkste Fest der Kubaner. In ihm werden auch afrokubanische Kulte wieder lebendig. Der Karneval in Havanna fand ursprünglich im Januar/Februar statt, wurde aber recht willkürlich in die sommerliche Ferienzeit verlegt. In Santiago de Cuba wird er schon immer im Juli gefeiert, wenn die Zuckerrohrernte *(zafra)* abgeschlossen ist; den Höhepunkt dieses Festes bilden drei Tage: der 24. bis 26. Juli. Zwei Wochen lang werden die Straßen zum magischen

Raum, in dem Tag und Nacht durchgetanzt wird – ekstatisch, wild und mystisch. Wem das Leben sonst nichts zu bieten hat, der amüsiert sich auf den Straßenfesten bis zur völligen Erschöpfung.

Landesweite Festtage

Den **Jahrestag der Revolution** am 1. Januar beginnen die Kubaner fast immer mit einem Kater, denn in der Silvesternacht bleibt niemand daheim. Gleiches gilt für **Weihnachten,** das seit dem Papstbesuch 1998 wieder ein Feiertag ist. Am 28. Januar erinnert man sich an den **Geburtstag des Nationalhelden José Martí**. Am 1. Mai, dem **Tag der Arbeit**, trommeln die CDRs alle Willigen (und viele Unwillige) zu Massendemonstrationen zusammen. Patriotische Ansprachen prägen auch den 26. Juli, den **Jahrestag des Sturms auf die Moncada-Kaserne** 1953. Am 10. Oktober ist der Jahrestag des **Beginns des Unabhängigkeitskrieges** 1868–1878.

Lokale Festivals

Das bedeutendste kulturelle Ereignis ist das **Internationale lateinamerikanische Filmfestival** in Havanna, zu dem Anfang Dezember viel Prominenz einfliegt. Gleich danach folgt das **Internationale Jazz Festival.** Hochkarätig sind auch die Auftritte beim **Internationalen Ballettfestival** in Havanna im Oktober/November. Recht lustig geht es im Februar beim **Fest zur Pampelmusenernte** auf der Isla de la Juventud zu: Pampelmusenwein sorgt jedenfalls für glorreiche Kopfschmerzen am nächsten Tag. Im April findet das **Festival del Caribe** in Santiago de Cuba statt, im Juni das **Cucalambé-Folklorefest** in Las Tunas und im August das **Beny-Moré-Festival** in Cienfuegos: Alle drei sind traditionelle Musikfestivals. Mit Sicherheit das ausgelassenste und traditionsreichste Ereignis sind die **Parrandas** von Remedios zu Weihnachten, mit Feuerwerk und farbenfrohen musikalischen Umzügen.

Essen und Trinken

Bei Kubanern kommt fast täglich dasselbe auf den Tisch. Bis 1989 gab es, worauf man per Lebensmittelkarte, der *libreta* Anspruch hatte – auch das wöchentliche Huhn und die Portion Sahneeis. Seither dirigiert die Partei wegen der Lebensmittelknappheit den Speiseplan rigide.

Die Küchenchefs der Luxushotels wissen dagegen, was die Gaumen der Touristen und ausländischen Geschäftsleute kitzelt; etwas Kreolisches ist meist dabei. Zeitweise sind aber Gerichte, die auf der Karte stehen, nicht mehr zu haben.

Das Hatuey wird auf Kuba gebraut

Eine Köstlichkeit ist nicht auf der Speisekarte der Hotels zu finden: erfrischendes Kokosnusswasser. Man bekommt es je nach Marktlage unterwegs bei den *ranchos* oder *ranchones*. Diese rustikalen, strohgedeckten Bar-Restaurants finden Sie mittlerweile bei fast allen Sehenswürdigkeiten, mitunter auch an Hauptstraßen.

Paladares sind familiengeführte Privatrestaurants, die in der Regel maximal zwölf Gäste gleichzeitig bewirten und nur typisch kubanische Kost anbieten dürfen. Meeresfrüchte und Languste stehen daher nie auf der Speisekarte, sind aber oft auf Nachfrage erhältlich. Manchmal isst man im Wohnzimmer einer kubanischen Familie, in Havanna gelegentlich sogar in aristokratischen Sälen. Nur in den berühmtesten Lokalen wie »La Guarida« in Havanna zahlt man mehr als 10 CUC pro Person.

In allen Städten gibt es inzwischen Filialen der Schnellrestaurantkette El Rápido – die kubanische Antwort auf McDonalds.

Mi Mojito y mi Daiquirí

Ernest Hemingway pflegte in der Bar »La Bodeguita« mittags seinen Lieblingscocktail Mojito zu trinken. Abends war für ihn im »El Floridita« ein Barhocker reserviert, wo er seinen Daiquirí zu sich nahm. Sein Spruch »Mi Mojito en La Bodeguita, mi Daiquirí en El Floridita« hat beide Lokale berühmt gemacht. Mit ihren Cocktails trank sich Hemingway eine Leberzirrhose an.

Im Mojito werden dreijähriger weißer Rum, Limettensaft, Zucker und Soda mit viel Eis vermischt, garniert mit *yerba buena,* einer Minzeart. Das Originalrezept des Daiquirí von 1898 beinhaltet weißen Rum, Limettensaft und Rohrzuckersirup. Meistens werden Daiquirís mit fein zerkleinertem oder pulverisiertem Eis im Mixer zubereitet. *Cuba libre* (wörtlich: »freies Kuba«) wurde als Begrüßungstrunk für die Amerikaner erfunden, als Dank für den Rausschmiss der spanischen Kolonialherren 1898. Gemixt werden ein Teil Amerika (die Cola) und ein Teil Kuba (der Rum). Rum zählt eigentlich nicht zu den bevorzugten Getränken der Kubaner. Sie lieben Bier, von dem es drei Sorten gibt: »Hatuey«, »Princesa« und »Bayamo«. Weinimporte aus Spanien, Chile oder Bulgarien sind ein kostspieliges Trinkvergnügen.

Echt gut!

Die besten Restaurants

- Feine europäische Küche bietet das im Jugendstildekor gehaltene **Café del Oriente** in der Altstadt von Havanna. › S. 56
- **La Guarida,** Havannas berühmtestes Restaurant im Centro, hat schon die spanische Königin mit kubanischen Kreationen verwöhnt. › S. 56
- **San Cristóbal** heißt einer der besten und romantischsten Paladares von Havanna. Er ist in einem wunderschönen Apartment in Centro Habana untergebracht. › S. 57
- In der romantischen **Cocina de Liliam** in Miramar ließ es sich einst Jimmy Carter schmecken. › S. 57
- In Varaderos **La Casa de Antigüedades** speist man unter Kronleuchtern Hummer und Filet Mignon von edlem Porzellan. › S. 77
- Im prunkvollen Speisesaal eines neomaurischen Palasts serviert das Restaurant **Palacio de Valle** in Cienfuegos zu Klavierklängen Hummer und Seafood. › S. 93
- Leckeres Hähnchen und köstliche hausgemachte Limonade bietet das elegante **Via Real** in Trinidad. › S. 97
- Edelste Gourmetküche bereiten die Restaurants in Kubas luxuriösestem Resort auf **Cayo Ensenachos** zu. › S. 102
- Das **Campana de Toledo** in einem Kolonialhaus des 18. Jhs. in Camagüey ist auf Rindfleischgerichte spezialisiert. › S. 107
- In Santiago zaubert das Restaurant **Zunzún** leckere Tapas, Thunfischkanapees, Paella, Hummer und Knoblauchgarnelen. › S. 128

Hauptgerichte und Beilagen

Kubas Küche ist eine Mischung aus hispanischen, afrikanischen und karibischen Einflüssen. *Cristianos y moros* heißt die wichtigste Beilage: weißer Reis mit schwarzen Bohnen. Fast ebenso häufig findet man *arroz congrí,* Reis mit roten Bohnen. Kartoffeln sind eher selten.

Vor einem Hauptgericht kann man seinen Magen vielfach durch einen frischen Salat aus Weißkohl, Gurke, Tomate und manchmal *palmito* (Palmherz) anregen. In der Speisenfolge beherrschen dann Huhn oder Schweinefleisch die Auswahl, gerne in Form von *pollo ahumado,* geschmortem Huhn, oder auch *cerdo asado,* gebratenem Schweinefleisch.

Rindfleisch wird in Form einer dünnen, harten Scheibe oder als Gulasch, *picadillo,* zubereitet. Dazu isst man in Europa unbekannte Knollenfrüchte, etwa die Taro-ähnliche *malanga,* die Süßkartoffel *boniato* oder Maniok *(yuca).* Richtig satt wird man schließlich durch die in Öl gebratene Kochbanane, die zu vielen Gerichten gereicht wird.

Fisch (früher ein Armeleutegericht) und Meeresfrüchte sind inzwischen zum Exportschlager avanciert, und damit ist beides für Kubaner weder verfügbar noch erschwinglich.

Beim kreolischen Menü wird als Entrée ein Obstsalat serviert, meist Grapefruit und Orange, manchmal auch Ananas. Mango, Melone und Papaya sind selten.

Frühstück und Dessert

Das typische Frühstück besteht aus Obst, Brot mit Mayonnaise und Zuckerrohrsaft. Leckere Snacks für zwischendurch sind *pan con lechón* (Brötchen mit Spanferkel), *tamales* (Maistaschen mit Fleisch) oder *palitroque* (Grissini-Brotstange).

Zum Dessert gibt es Obstsalat, den Karamellpudding *flan*, kandierte Papayas mit einem Fettgebäck namens *buñuelos* aus Maniok und Süßkartoffel oder vielleicht Guavenmarmelade mit Frischkäse, *guayaba con queso.* Zum Abrunden wird ein starker, schwarzer Kaffee mit viel Zucker, *café mezclado,* serviert.

Shopping

Zu **Diplotienda, Tiendas Panamericanas** oder **Artex-Läden** erhalten Kubaner nur Zutritt, wenn sie CUC besitzen. Was offiziell nicht zu haben ist – Importwaren und kubanische Spitzenprodukte wie Rum, Zigarren und Kaffee, auch eine große Auswahl an Musik-CDs –, steht hier in den Regalen. **Zigarren** (Cohibas, Montecristos, Partagas und Romeo y Julietas) sind im Devisenladen garantiert authentisch, richtig gelagert und kosten nicht halb so viel wie daheim. Man darf sie im Wert von 2000 CUC ausführen, doch in Europa sind nur 50 Stück zollfrei. Auf der Straße angebotene Zigarren sind minderwertige Fälschungen.

In den staatlichen **Centros de Artesania** und den Geschäften des **Fondo de Bienes Culturales** ist die Qualität des Kunsthandwerks (z. B. Karnevalsmasken, Skulpturen, Dominokästchen) oft vorzüglich, aber nicht billig.

!! Bezahlt wird immer in konvertiblen Pesos. Souvenirs sind häufig aus Edelhölzern, Schwarzer Koralle oder Schildpatt gefertigt – Materialien, deren Handel und Besitz nach dem Washingtoner Artenschutzabkommen verboten ist. Ohne Exportlizenz können Kunstwerke am Flughafen konfisziert werden. Bei Privatkäufen bekommt man diese Lizenz vormittags im Registro Nacional de Bienes Culturales, Calle 17 No 1009, e/ 10 y 12, Vedado, in Havanna.

Zigarrenherstellung hat Tradition

Unterwegs in Kuba

Entdecken Sie die einzelnen Reiseregionen – jeweils mit den schönsten Touren, allem Sehens- und Erlebenswerten, Hotel-, Restaurant-, Nightlife- und Shoppingtipps

Havanna

Nicht verpassen!

- Von den Dachterrassen mit Pool der Hotels Parque Central, Saratoga und Raquel die Aussicht genießen
- Auf der Kaimauer des Malecón sitzen und den Sonnenuntergang genießen
- Im La Maison den Catwalk mit atemberaubend schönen kubanischen Models erleben
- Im Paladar La Esperanza kubanisch-französische Küche ausprobieren
- Im Callejón Hamel in Centro Habana am Sonntagnachmittag mit Kubanern auf der Straße tanzen

Zur Orientierung

Havanna – schon der Name hat einen magischen Klang. Beim Schlendern über die Prachtstraßen und Plätze schießen einem Bilder aus der Zeit der Prohibition durch den Kopf, als Havanna noch Treffpunkt von durstigen US-Millionären, Spielern, Mafiabossen und korrupten Politikern war, das Sündenbabel der USA. Nachts lässt sich die erotisch-anrüchige Atmosphäre jener Tage fast mit Händen greifen. Zwar ist es zweifellos der nostalgische Charme des Morbiden und Maroden, der Havanna etwas Einmaliges und Zauberhaftes verleiht, aber der Zerfall ist dramatisch. Viele architektonische Kostbarkeiten sind nicht mehr zu retten; die Restauratoren kommen kaum noch nach.

Die unbestrittenen Könige der Straßen sind die vielen bunten Oldtimer, die die Amerikaner in den 1950er-Jahren mitbrachten. Im Zuge der neuen wirtschaftlichen Öffnung beginnt sich die Stadt langsam aufzurappeln. Immer mehr schicke Läden eröffnen, und neben klapprigen Ladas sind inzwischen auch moderne westliche Autos unterwegs. In der Kultur verschafft sich eine neue Avantgarde Gehör, und in den Restaurants wird mit »neuer kubanischer Küche« experimentiert.

Die Altstadt von Havanna – ein koloniales Schmuckstück

Touren in der Region

Das alte Havanna

– 3 – Plaza de Armas › Castillo de la Real Fuerza › Plaza Vieja › Calle Obispo › Plaza de la Catedral › Museo Nacional de la Música › Museo de la Revolución › Museo Nacional de Bellas Artes › Centro Asturiano › Parque Central › Paseo Martí › Malecón › Castillo de los Tres Reyes del Morro

Dauer: 1 Tag
Praktische Hinweise: Mit Fahrradrikschas kann man die Wege verkürzen. Die Museen sind am Montag geschlossen. Alle Pool-Dachterrassen der Hotels sind gegen Eintritt zugänglich.

Am besten starten Sie frühmorgens, wenn die Luft frisch und klar ist und die besten Fotos gelingen. Ausgangspunkt ist die von schönen Kolonialgebäuden gesäumte ****Plaza de Armas** › S. 47, auf der die Straßenbuchhändler von Havanna ihre ziemlich lädierten Schätze anbieten. Im schönen Patio des Luxushotels Santa Isabel wird ein gutes Frühstück serviert, in der benachbarten Casa del Café ein starker *cafecito*. Danach hat dann auch das

***Castillo de la Real Fuerza** › S. 47, die älteste Festung der Stadt, seine Tore geöffnet.

Bummeln Sie jetzt von der Plaza de Armas auf der schönen Calle Oficios nach Süden und biegen Sie links in die Calle Muralla (die fünfte Querstraße) ab. Sie führt zur schön restaurierten ****Plaza Vieja** › S. 48. In kolonialem Ambiente können Sie hier in Kunstgalerien stöbern oder vom Edificio Gómez die Aussicht auf die Altstadt genießen.

Auf der Calle Ignacio geht es nun wieder nach Norden bis zur ***Calle Obispo** › S. 48, der Hauptstraße von Habana Vieja zwischen Plaza de Armas und Parque Central, die sich auch außerhalb des Rundgangs für einen Bummel anbietet. An der Ecke Ignacio/Obispo nimmt man den Aufzug hoch zur Dachterrasse des »Hemingway-Hotels« Ambos Mundos und genießt den Ausblick. Werfen Sie auch einen Blick in das Zimmer 511. Hier schrieb Ernest Hemingway in den 1930er-Jahren seinen berühmten Roman über den Spanischen Bürgerkrieg: »Wem die Stunde schlägt«.

Zur ****Plaza de la Catedral** › S. 48 mit ihren schönen Kolonialpalästen ist es jetzt nur noch ein Katzensprung. Im schattigen Innenhof des Restaurants El Patio lässt sich gemütlich zu Mittag essen.

Der heiße Nachmittag eignet sich bestens dazu, die benachbarten Museen aufzusuchen. Ein Muss ist natürlich das ***Museo de la Revolución** › S. 50 mit seinen Revolutionsreliquien. Gleich nebenan warten die Meisterwerke kubanischer Maler im ***Museo Nacional de Bellas Artes** › S. 50, und wieder ein paar Schritte weiter stellt am Parque Central das edle ***Centro Asturiano** › S. 50 europäische Meister aus.

(4) **Auf den Spuren Hemingways** Museo Casa Ernest Hemingway › Cojímar › Playas del Este › Habana Vieja (mit Hotel Ambos Mundos und den Bars Bodeguita del Medio und El Floridita)

Der späte Nachmittag vertrödelt sich wunderbar auf den schattigen Bänken des **Parque Central › S. 50. Amüsiert beobachtet man die erregt über Baseball diskutierenden Männer im »Rincón Caliente«, der »heißen Ecke« des Platzes. Die schönste Bar findet sich im Hotel Telégrafo an der Westseite des Parque. Wenige Schritte südlich kann man im Cybercafé des monumentalen ***Capitolio Nacional** › S. 51, vor dem immer eine Oldtimerflotte wartet, seine E-Mails checken. Oder man springt kurz in den Pool auf der Dachterrasse des Hotels Parque Central.

Gegen halb sechs wird es Zeit, den von bröckelnden Kolonialbauten gesäumten ***Paseo de Martí** › S. 51, auf dem Knirpse in Schuluniformen Baseball spielen, zum Meer hinunter zu schlendern. Im sanften Abendlicht gelingen schöne Fotos fast von allein. Dann ist auch schon der ****Malecón** › S. 51 erreicht, dessen pastellfarbene Häuserfront im Abendrot erglüht. Entweder nutzt man hier wie zahlreiche Liebespaare die romantische Stimmung auf der Kaimauer aus, oder man springt schnell in ein Taxi, um nach wenigen Minuten den Sonnenuntergang über Havanna vom ****Castillo de los Tres Reyes del Morro** › S. 52 am anderen Ende der Hafeneinfahrt aus zu bewundern. Die Kanonenschüsse der *cañonazo* genannten Zeremonie in der benachbarten Fortaleza beenden einen langen Tag – es beginnt eine noch längere Nacht!

Auf den Spuren Hemingways

④ Museo Casa Ernest Hemingway › Cojímar › Playas del Este › Habana Vieja (mit Hotel Ambos Mundos und den Bars Bodeguita del Medio und El Floridita)

Dauer: 1 Tag
Praktische Hinweise: Die Tour außerhalb des Zentrums unternimmt man besser mit dem (Privat-)Taxi, denn man verfährt sich sonst einfach zu oft. Pauschalpreis aushandeln! Bei Regen ist die Casa Hemingway geschlossen.

40 Minuten dauert die Fahrt an den südöstlichen Stadtrand zum ***Museo Casa Ernest Hemingway** in San Francisco de Paula › S. 54. Es öffnet um 9 Uhr, und um diese Zeit ist man dort noch völlig ungestört. Allerdings darf man nur durch die geöffneten Fenster hineingucken. Also wieder rein ins Taxi und weiter geht es über eine Schnellstraße in den Fischerort **Cojímar,** in dessen Hafen Hemingways Jacht »Pilar« einst ankerte. Nach Hemingways Selbstmord 1961 errichteten ihm die ortsansässigen Fischer ein Denkmal. Sie schmolzen ihre Anker und Ketten ein und gossen daraus eine Büste, die heute im Zentrum des Ortes steht. Bei einem Krabbencocktail im Hotel La Terraza können Sie das Glas auf den »alten Mann« Gregorio Fuentes heben, der noch vor einigen Jahren von seiner Freundschaft

Gregorio Fuentes, Inspiration für Ernest Hemingway

mit »Papa« zu erzählen pflegte, bis er 2002 im Alter von 104 Jahren verstarb.

Einige Kilometer weiter lockt das Strandleben der ***Playas del Este** › S. 60. Am späten Nachmittag geht es dann mit dem Taxi (oder Bus) zurück nach *****Habana Vieja** › S. 47. Hier kann man bequem vom **Hotel Ambos Mundos** › S. 48, wo das Hemingway-Zimmer zu besichtigen ist, zur Bar **El Floridita** › S. 56 spazieren, um dort zu Ehren Hemingways einen Daiquirí zu trinken, am besten den »Papa Spezial«.

Auch die **Bodeguita del Medio** › S. 56 ist nur einen Spaziergang entfernt, die Mojitos dort sind aber inzwischen leider verwässert. Getrost schenken kann man sich dagegen die Fahrt zur Marina Hemingway: Sie ist nichts weiter als ein steriles Touristenghetto mit Jachthafen.

Verkehrsmittel

Der **Flughafen José Martí** (Terminal 3, Tel. (7) 70 7701) wird direkt von Deutschland angeflogen, vom **Terminal Aerocaribbean** (Tel. (7) 55 8751/52/53/54) starten Inlandsflüge, u. a. zur Isla de la Juventud, Cayo Largo, Cayo Coco und nach Santiago. Für kürzere Distanzen nimmt man das **Bicitaxi,** für etwas längere ein **Autotaxi.** Die gelben dreirädrigen **Cocotaxis** sehen lustig aus, sind aber unsicher. Vor dem Capitolio laden amerikanische **Oldtimer** und **Pferdekutschen** zu einer Spazierfahrt ein. Die Playas del Este sind mit **Bussen** zu erreichen.

Wichtige Adressen

Das **Infotur-Büro** in der Calle Obispo ist tgl. 8–20 Uhr geöffnet.

Unterwegs in ***Havanna

1 ***La Habana Vieja

Das historische Viertel steht in eindrucksvollem Kontrast zu den neuen Gebäuden der schnell gewachsenen 2,5-Millionen-Stadt. Dass auf einer Fläche von 4 km^2 immer mehr der kolonialen Häuser renoviert werden, ist nicht zuletzt der UNESCO zu verdanken, die den Stadtkern in seiner Gesamtheit 1982 zum Weltkulturerbe erklärte.

**Plaza de Armas 1

Der älteste Platz Havannas stammt aus der Zeit der Stadtgründung um 1519. Früher exerzierten hier die Soldaten der spanischen Krone, heute treffen sich die Habaneros unter den schattigen Bäumen des kleinen Parks. In der Parkmitte ehrt ein Denkmal Carlos Manuel de Céspedes (1819–1874) für seinen – wenngleich erfolglosen – Freiheitskampf gegen die spanische Kolonialherrschaft.

Im Rücken des Helden steht eines der schönsten Bauwerke Havannas, der ***Palacio de los Capitanes Generales** 2, der 1776 als Domizil für Kubas spanische Generalkapitäne gebaut wurde. Zwar reservierte man der Königsfamilie hier einen Thronraum, aber es dauerte über 200 Jahre, bis erstmals ein spanischer König Kuba besuchte: Juan Carlos und Sofia kamen 1999 auf die Insel.

Wer im heute hier untergebrachten ***Museo de la Ciudad** (Di–So 9.30–18 Uhr) nicht in der kolonialen Stadtgeschichte schnuppern mag, sollte wenigstens einen Blick in den hübschen Patio mit der marmornen Kolumbus-Statue werfen.

Dem Palast gegenüber steht »das Tempelchen« – **El Templete** – und neben ihm eine mächtige *ceiba*, ein Kapokbaum, der als heilig gilt. Am 16. November, dem Tag des Stadtpatrons San Cristóbal, läuft die halbe Stadt um den Baum herum und wirft Münzen an seine Wurzeln, um sich etwas zu wünschen.

*Castillo de la Real Fuerza 3

Die älteste Festung Kubas (1558) ist zugleich eine der ältesten Lateinamerikas. Ihre 6 m starken und 10 m hohen Mauern sollten die aufblühende Stadt vor Piraten schützen (Di–So 9–18 Uhr).

Auf dem runden Festungsturm ist die anmutige Bronzefigur **La Giraldilla** zu sehen. Das Wahrzeichen Havannas stellt die Gouverneursgattin Inés de Bobadilla dar, deren Ehemann Hernando de Soto auf Entdeckungsfahrt ging und schließlich in Florida den Tod fand.

Im Castillo sind eine Bar und ein Souvenirladen untergebracht.

Zeitungsverkäufer in der C. Obispo

*Calle Obispo

Alt-Havannas Haupteinkaufsstraße beginnt im Westen der Plaza de Armas. Sie ist mit ihren Cafés und Restaurants eine der lebendigsten Straßen der Stadt. Viele Häuser wurden stilgerecht restauriert, so die **Panadería San José** oder die **Farmacia Taquechel.** Nach ca. 200 m kommt man am renovierten **Hotel Ambos Mundos** vorbei, wo in Zimmer 511 immer noch das Bett für Ernest Hemingway gemacht ist. Von der Dachterrasse bietet sich ein schöner Blick auf die Altstadt.

**Plaza de la Catedral 4

Das einheitliche Ensemble spanischer Kolonialarchitektur um diesen Platz hat in ganz Südamerika kaum Parallelen. Wer auf der Plaza de la Catedral steht begreift, warum der kubanische Dichter Alejo Carpentier Havanna einmal zur »Stadt der Säulen« erklärte.

Die Stirnseite besetzt die barocke ***Catedral de La Habana** **5**. Um 1750 begannen die Jesuiten mit ihrem Bau. Doch die Weihe ihres Gotteshauses 1788 erlebten sie nicht mehr, da sie 1767 im Namen des spanischen Königs vertrieben wurden. Bis zum Ende des Kolonialkrieges lagen in der Kathedrale die Gebeine von Christoph Kolumbus. Danach wurden sie ins spanische Sevilla verschifft. (Mo–Sa 10.30–14, So 9–12 Uhr)

Zur Rechten wird die Kathedrale vom **Palacio del Marqués de Aguas Claras** (1760) flankiert, in dem das **schattige Café-Restaurant *El Patio** zum Ausruhen einlädt. Kunstsinnige besuchen gleich nebenan das **Centro Wifredo Lam** (Mo–Fr 8–17 Uhr).

Echt gut

Zur Linken der Kathedrale angesiedelt sind der **Palacio del Marqués de Arcos** und die **Casa de Lombillo** mit ihrem schönen Patio, beide aus dem 18. Jh. Das Kopfsteinpflasterkarree wird von der **Casa Bayona** geschlossen, die ein Kolonialmuseum beherbergt (tgl. 9.30–18.30 Uhr).

Hinter der Kathedrale erstreckt sich der **Parque Céspedes,** vor dem tgl. ein bunter Markt für Kunsthandwerk abgehalten wird, mit Voodoo-Puppen, naiven Malereien und Musikinstrumenten.

**Plaza Vieja

Über die Calle Mercaderes, in der mehrere interessante Museen zu besichtigen sind, darunter die **Casa de Africa,** die Kolonialvilla

Casa de la Obra Pía und das **Museo de la Cerámica,** gelangt man zur besonders schön restaurierten Plaza Vieja. In ihren Häusern aus dem 16. Jh. sind neben Kunstgalerien auch Kulturzentren untergebracht. Der Blick auf die Altstadt von der **Dachterrasse des restaurierten Edificio Gómez** aus ist ein Muss für Fotografen, ebenso die dortige Cámara Oscura (Di–Sa 9–17, So 9–13 Uhr).

*Centro Habana

Zentral-Havanna heißt der Stadtteil im Westen der Altstadt, eine Erweiterung aus dem 18. Jh. mit

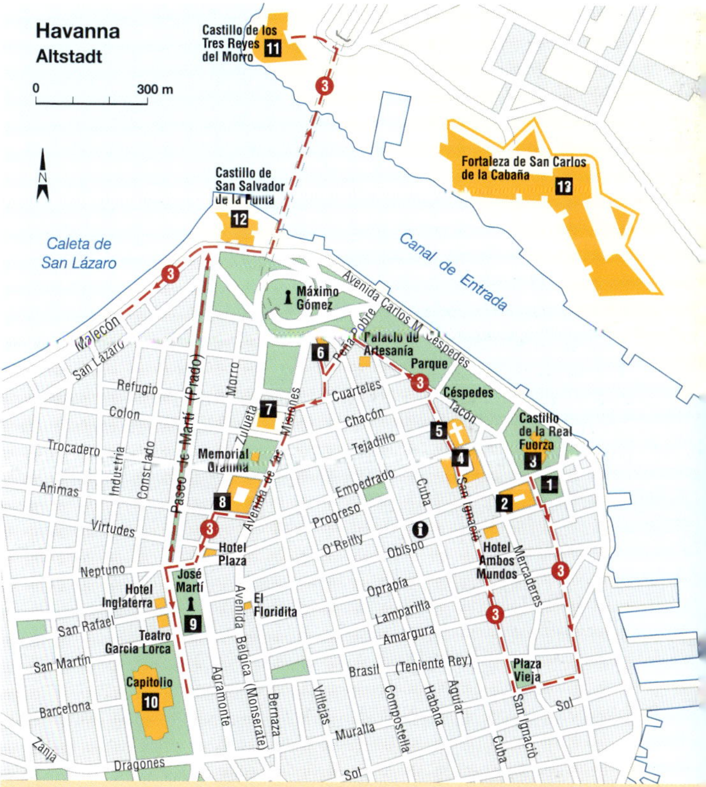

– 3 –

Das alte Havanna

1 Plaza de Armas
2 Palacio de los Capitanes Generales
3 Castillo de Real Fuerza
4 Plaza de la Catedral
5 Catedral de La Habana
6 Museo Nacional de la Música
7 Museo de la Revolución
8 Museo Nacional de Bellas Artes
9 Parque Central
10 Capitolio Nacional
11 Castillo de los Tres Reyes del Morro
12 Castillo de San Salvador de la Punta
13 Fortaleza de San Carlos de la Cabaña

vielen bröckelnden Häusern. Immer wieder entdeckt man Treppenhäuser aus Marmor mit bunten Fliesen und jede Menge Fotomotive. Hier findet man das wahre Leben Havannas.

Buch-Tipp **Pedro Juan Gutiérrez, Schmutzige Havanna Trilogie,** Hoffmann & Campe. Drastisches, pralles erotisches Sittenbild der kaputten Hauptstadt Havanna in den 1990er-Jahren.

Museumsviertel

Das erste Museum im Karree ist das ***Museo Nacional de la Música** **6**, gegründet vom Anthropologen Fernando Ortiz. Musikfans können hier einen Blick auf Kubas Musikgeschichte werfen – auf vergilbte Partituren, kuriose Instrumente, verschiedenste Afrotrommeln sowie eine Sammlung alter Plattenspieler (Cárcel 1 e/ Habana y Aguiar; Di–Sa 10–18, So 9–12 Uhr; Konzertveranstaltungen und ihre Termine sind im Museum angegeben).

In den prächtigen Räumen des früheren Präsidentenpalasts residiert das ***Museo de la Revolución** **7**. Hier sind die Befreiungskämpfe bis zur Revolution 1959 dokumentiert. Lebensgroße Plastikrevolutionäre werden in naturgetreu nachgebildeter Sierra-Maestra-Umgebung gezeigt, zudem Kalaschnikows, blutverschmierte Hemden und von den Revolutionären benutzte Teller. Auch das medizinische Handwerkszeug, mit dem Che in den Bergen die Verwundeten behandelte, ist ausgestellt. (Refugio e/ las Misiones y Zulueta; tgl. 10–17 Uhr; Fotografieren 5 CUC)

Zum Rundgang gehört auch der Besuch des **Memorial Granma** im Garten hinter dem Revolutionsmuseum, wo eine Nachbildung der legendären »Granma« aufbewahrt wird. Völlig überladen mit Vorräten, Waffen und 82 Revolutionären, war das Motorboot von Mexiko aus in See gestochen. Bei der Landung im Süden Kubas wurde es von Batista-Soldaten entdeckt; nur 15 Männer entkamen dem Kugelhagel.

Das benachbarte renovierte Art-déco-Gebäude des ***Museo Nacional de Bellas Artes** **8** beherbergt die größte Sammlung kubanischer Malerei vom Beginn der Kolonialzeit bis in die Gegenwart. Besondere Beachtung im obersten Stockwerk verdienen die Kunstwerke des afrokubanischen Surrealisten Wifredo Lam, in dessen Gemälden immer Geisterwesen stecken, sowie die abstrakten Frauen- und Altstadtporträts von René Portocarrero. (Trocadero e/ Zulueta y Monserrate; Di–Sa 10 bis 18, So 10–14 Uhr)

Die Sammlung europäischer Meister wurde ins ***Centro Asturiano** am Parque Central verlegt, ein restauriertes Schmuckstück. (San Rafael e/ Zulueta y Monserrate; Di–Sa 10–18, So 10–14 Uhr, www.museonacional.cult.cu)

**Parque Central 9

Trotz der nahen Hauptverkehrsachse wirkt der von hohen Königspalmen gesäumte kleine Parque Central mit seinen Steinbänken wie eine Oase. Im Schatten des Naturdaches verbringen Junge, Alte, Verliebte und Mütter mit ihren Kindern ihre freie Zeit. Grandhotels wie das »Inglaterra« mit seinem Säulenportal und dem schmiedeeisernen Baldachin (Bar auf dem Dach, mitunter wird Livemusik gespielt) oder das frisch restaurierte »Telégrafo« sowie das **Teatro García Lorca** geben dem Platz seinen teils barocken, teils neoklassizistischen Charme. Diesen beeinträchtigt allerdings seit 1998 die postmoderne Fassade des Luxushotels »Parque Central« ein bisschen. Nationalheld José Martí beherrscht die Parkmitte in Gestalt einer steinernen Statue.

*Capitolio Nacional 10

Die Kopie des Washingtoner Kapitols wurde 1929 vom verhassten Präsidenten Machado eingeweiht. Seit 1960 hat die Akademie der Wissenschaften hier ihren Sitz. Im Capitolio eröffnete vor zehn Jahren Kubas erstes Internetcafé.

*Paseo de Martí

Havannas prominenteste Prachtstraße, auch **Prado** genannt, führt bis ans Ufer der Hafenbucht. Ein Hauch Madrid und eine Prise Nizza sind hier zu spüren. Auf dem Mittelstreifen bieten kühle Steinbänke die Möglichkeit, in Ruhe die vornehmen Häuser des Boulevards zu betrachten. Die Löwenfiguren an den Straßenübergängen sollen aus den Kanonen gegossen worden sein, die die Engländer nach ihrer kurzzeitigen

Capitolio Nacional an Havannas Prachtboulevard Paseo de Martí

Einnahme der Stadt 1762 unbenutzt zurückließen.

**Malecón

Die berühmte Uferstraße war früher Teil der Stadtbefestigung und zieht sich heute über etwa 3 km von Alt-Havanna bis in das Diplomaten- und Villenviertel **Miramar.** In Zentrumsnähe wurden die angrenzenden historischen Gebäude weitgehend restauriert. Vor der Revolution vertrieben sich hier amerikanische Millionärsgattinnen in Juwelierläden die Zeit. Später traf man auf dieser Meile leichte Mädchen, die jedoch aufgrund der sehr starken Polizeipräsenz heute wesentlich

Die Architektur in Havannas Altstadt wirkt mondän mediterran

diskreter agieren. Im Karneval wälzt sich eine bunte, tanzende Menschenmasse zu Trommelwirbel und Marschmusik über die Uferstraße.

Buch-Tipp **Graham Greene, Unser Mann in Havanna**, dtv. Die richtige Lektüre für einen entspannten Havanna-Aufenthalt: Der Leser findet sich im Tropicana, im Hotel Sevilla und am Malecón wieder. Die Verfilmung mit Alec Guinness in der Hauptrolle durfte übrigens 1959 an Originalschauplätzen in Havanna gedreht werden.

**Castillo de los Tres Reyes del Morro 11

Auf einer felsigen Anhöhe bewacht die imposante Festung, kurz El Morro genannt, die engste Stelle der Hafeneinfahrt. Kein anderer Ort bietet einen so **eindrucksvollen Blick auf die Skyline Havannas,** besonders bei Sonnenuntergang.

Echt gut

Vom Bollwerk El Morro und dem gegenüberliegenden **Castillo de San Salvador de la Punta** 12 aus (Schatzmuseum, Mi–So 10 bis 18 Uhr) konnten die Habaneros einfahrende Feinde ins Kreuzfeuer nehmen. Seit der Hafen 1561 zum Sammelpunkt der königlichen Silberflotte auf dem Weg nach Spanien geworden war, wurde die Piratenplage ein Dauerzustand.

Die Festung El Morro, 1588 bis 1630 im Auftrag König Philipps II. gebaut, galt lange Zeit als uneinnehmbar. Als aber 1762 etwa 10 000 rote Waffenröcke aus England mit schwerem Geschütz anrückten, sank der Stern El Morros. Ein Jahr später erhielten die

Spanier Havanna im Tausch gegen Florida zurück. Am Ort des Kampfgeschehens errichteten sie eine 700 m lange Festung, die ***Fortaleza de San Carlos de la Cabaña** 13. Täglich zwischen 20.30 und 21 Uhr wird dort die **traditionelle Kanonenschusszeremonie Cañonazo de las nueve** abgehalten. Der Donnerschlag war einst das Signal, die Stadttore zu schließen. Innerhalb der Festungsmauern befindet sich eine Bar mit Livemusik und Tanz.

*Vedado

Zu Fuß läuft man von Centro Habana zum Geschäfts- und Hotelviertel Vedado gut 45 Minuten – da empfiehlt es sich, ein Taxi oder eine Fahrradrikscha (»bicitaxi«) zu nehmen und dann durch die Avenidas mit ihren schönen Herrenhäusern aus dem frühen 20. Jh. zu schlendern. In vielen werden Zimmer vermietet.

Die 23. Straße, **La Rampa** genannt, ist die Hauptschlagader von Vedado. Alle großen Firmen und Fluggesellschaften sind hier oder in einer der Seitenstraßen mit einem Büro vertreten, ebenso wie traditionelle Hotels, z. B. das legendäre ***Hotel Nacional de Cuba.** In den 1930er-Jahren stieg hier alles ab, was Rang und Namen hatte: Churchill und de Gaulle standen auf der Gästeliste, die Filmstars Errol Flynn, Buster Keaton, Ava Gardner, Johnny Weißmüller und Marlon Brando

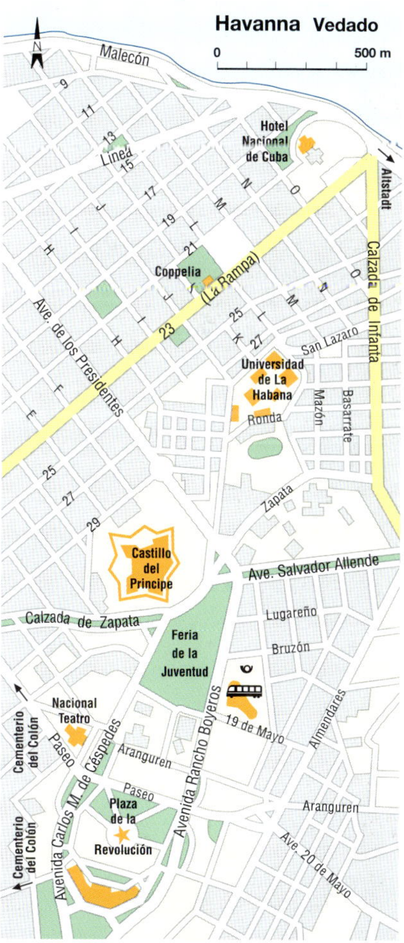

sonnten sich am Pool, und berüchtigte Mafiosi wie Lucky Luciano und Meyer-Lansky gaben rauschende Feste. Das Hotel hat auch eine nette Bar.

Nur einen Katzensprung entfernt von La Rampa ist ***Coppelia,** Havannas berühmtester Eispalast. Unter dem weißen Runddach kann man hier **das sicher beste Eis Havannas schlecken** (Extra-Pavillon für CUC-Zahler links vom Hauptgebäude; Mo geschlossen).

Echt gut!

Plaza de la Revolución

Den Mittelpunkt dieser monströsen Plaza im Stadtteil Nuevo Vedado, auf der bei Massenkundgebungen bis zu 1,5 Mio. Menschen Platz finden sollen, bildet ein riesiges **Denkmal für José Martí** mit Museum und Aussichtsplattform (e/ Céspedes y Rancho Boyeros; Mo–Sa 9–17 Uhr). Das **Innenministerium** mit dem nachts meist

Hemingways Erbe

1939 fällte Ernest Hemingway die Entscheidung, in Kuba zu bleiben. In die **Finca Vigía** in San Francisco de Paula zog er nur seiner dritten Frau Martha Gellhorn zuliebe – weit weg von seinen Stammlokalen Bodeguita del Medio und El Floridita. Aber der schöne Platz auf dem Hügel, von dem der exzentrische Hochseeangler und Großwildjäger bei gutem Wetter bis zum geliebten Meer sehen konnte, besänftigte ihn. Im Innern der Finca hängen überall Jagdtrophäen und Stierkampfplakate. Ungefähr 9000 Bücher und Zeitungen stapeln sich in Stellagen bis unters Dach. Seine Werke schrieb Hemingway im Schlafzimmer, und zwar im Stehen und barfuß. Im Studio nebenan hortete er Andenken aller Art – Munition, Abzeichen, Waffen und Fotos von seinen drei Kindern. Auch seine Schuhe, Größe 48, hängen noch unter dem Fenster.

Im Esszimmer war der Tisch immer für drei Personen gedeckt: für den Schriftsteller, seine Frau und einen möglichen Gast. Wenn die schwere Eisenglocke der »Vigía« ertönte, wusste die Nachbarschaft, dass die Hemingways Prominenz empfingen – Gary Cooper, Errol Flynn, Ingrid Bergman, Marlene Dietrich und Spencer Tracy waren z.B. zu Gast. Mit Jean-Paul Sartre und Simone de Beauvoir geriet der aufbrausende Macho hier auf ewig in Streit.

Die Finca Vigía hat Hemingway dem kubanischen Volk vermacht; sie wurde als ***Museo Casa E. Hemingway** (Tel. (7) 91 0809; Mi–Mo 9–16.30 Uhr, an Regentagen geschlossen) eingerichtet. In dem Haus, in dem Hemingway von 1939 bis 1960 lebte, ist alles so geblieben, wie er es hinterlassen hat. Deshalb dürfen die möblierten Räume nicht betreten, sondern nur durch die offenen Fenster betrachtet werden.

Seit 2002 können amerikanische Wissenschaftler mit finanzieller Unterstützung der Rockefeller-Stiftung Hemingways höchst bedeutenden Nachlass auf Kuba konservieren und auswerten.

illuminierten stählernen Großbild von »Che« Guevara ist das auffälligste Gebäude.

*Cementerio del Colón

Der 1872 angelegte Zentralfriedhof westlich der Plaza de la Revolución dürfte mit seinem gewaltigen Hauptportal, den zahlreichen Grabstätten, eindrucksvollen Marmormausoleen und einigen sehr kitschigen Statuen **einer der schönsten Friedhöfe Amerikas** sein (Zapata, Calle 12; tgl. 8 bis 17 Uhr; Orientierungskarte und Führer im Informationsbüro rechts vom Haupteingang Calle Zapata y 12).

Echt gut!

Denkmal für José Martí

Hotels

Nacional de Cuba
Calle O esq. a 21, Vedado
Tel. (7) 836 3564
www.hotelnacionaldecuba.com
Renovierter Luxuspalast der 1930er-Jahre, Blick auf Meer und Malecón. Herrlicher Garten. Das Cabaret Parisien ist mit seiner Show eine gute Alternative zum überteuerten Tropicana. ●●●

Santa Isabel
Baratillo 9 e/ Obispo y N. López
Habana Vieja
Tel. (7) 860 8201
www.hotelsantaisabel.com
Sehr elegantes Hotel in der Altstadt; in einem Barockpalast an der Plaza de Armas. ●●●

Saratoga
Prado 603 y Dragones, Centro
Tel. (7) 868 1000
www.hotel-saratoga.com
Neoklassizistisches Traditionshotel aus dem Jahr 1928, 2005 als eklektische 5-Sterne-Luxus-Oase wiedereröffnet. Spitzenrestaurant Anacaona mit maurischem Dekor. **Toller Blick auf Capitolio und die Bucht von Havanna von der Dachterrasse** mit riesigem Pool. Sämtliche Zimmer und Foyer mit WLAN-Internetzugang. ●●●

Echt gut!

Beltrán de la Cruz
San Ignacio 411 e/ Muralla y Sol
Habana Vieja
Tel. (7) 860 8330
www.habaguanexhotels.com
Sehr charmantes kleines Kolonialhotel in der Nähe der Plaza Vieja. **Wunderschön sind die Zimmer mit den Nummern 3, 7 und 8.** ●●–●●●

Echt gut!

Raquel
Amargura 103 esq. S. Ignacio
Habana Vieja
Tel. (7) 860 8280
www.hotelraquel-cuba.com
Jugendstilhotel nahe der Plaza Vieja; 25 geschmackvoll eingerichtete Zimmer mit Dekor zu biblischen Themen;

Restaurant mit jüdischer Küche, wunderschöne Art-déco-Bar und tolle Dachterrasse. ●●–●●

■ **Telégrafo**

Paseo de Martí 408 esq. a Neptuno
Centro
Tel. (7) 861 1010
www.hoteltelegrafo-cuba.com

Historisches Hotel von 1888 am Prado, das 2003 umfassend renoviert wurde. Sehr modern ausgestattete Zimmer, erstklassiger Service. Die Bar ist ein sozialer Treffpunkt Havannas. ●●–●●●

■ **Florida**

Obispo 252 esq. a Cuba
Habana Vieja
Tel. (7) 862 4127
www.habaguanexhotels.com

Kolonialhotel mit 25 geschmackvollen Zimmern rund um einen Säulen-Patio. ●●

■ **Valencia**

Oficios 53 e/ Lamparilla y Obrapía
Habana Vieja
Tel. (7) 867 1037
www.habaguanexhotels.com

Das kleine, aparte Hostal wurde Ende des 18. Jhs. erbaut und später in ein 12-Zimmer-Hotel umgewandelt; nur 200 m von der Plaza de Armas. ●

Restaurants

■ **Café del Oriente**

Oficios 112, esq. a Amargura
Habana Vieja
Tel. (7) 860 6686

Nobelrestaurant in der Altstadt mit **Jugendstildekor, feiner europäischer Küche und exzellentem Service.** Im Erdgeschoss ist eine edle Piano-Bar untergebracht. ●●●

Echt gut!

■ **La Finca**

Calle 140 esq. 19][Cubanacán
Tel. (7) 208 7976

Hier kocht Tomas Erasmo in romantischem Ambiente vorzügliche kubanische Küche für die Nomenklatura. ●●●

■ **El Aljibe**

Avenida 7 e/ 24 y 26][Miramar
Tel. (7) 204 1583

Das möglicherweise beste kubanische Restaurant von Havanna, mit dem größten Weinkeller Kubas. Erstklassiger Service. ●●●

■ **Bodeguita del Medio**

Empedrado 207][Habana Vieja
Tel. (7) 867 1374

Gemütliche Bar mit Restaurant im Hinterraum, serviert kubanische Küche. Ernest Hemingway genoss hier seinen Mojito. Leider wird dieser mittlerweile verwässert. ●●

■ **El Floridita**

Monserrate 557 esq. a Obispo
Habana Vieja
Tel. (7) 867 1299
www.floridita-cuba.com

Moderne, etwas sterile Bar. Hemingway trank hier gern einen Daiquirí, der heute unverschämte 6 CUC kostet. ●●

■ **La Guarida**

Concordia 418 e/ Gervasio y Escobar
Centro
Tel. (7) 866 9047
www.laguarida.com

In Havannas berühmtestem Paladar speiste 1999 sogar die spanische Königin kubanische Kreationen der »nueva cocina cubana«. Unbedingt reservieren, um einen Tisch zu ergattern. ●●

Echt gut!

■ **Monseigneur**

Calle O esq. 21][Vedado
Tel. (7) 832 9884

Wunderbar kitschiges, aber elegantes Restaurant gegenüber dem Hotel Nacional, in dem schon der Mafioso Lucky Luciano diniert hat. Gutes »Filete Miñon«, erstklassige Cocktails. ●●

Karten S. 49, 53

Auch Revolutionäre lieben kubanische Zigarren

■ **San Cristóbal**

San Rafael 469

Centro Habana

Tel. (7) 860 1705

cht gut!

Einer der **besten und romantischsten Paladares** von Havanna, sehr kreative Gerichte. Reservieren! ●●

■ **Cocina de Liliam**

Calle 48 e/ 13 y 15

Miramar

Tel. (7) 209 6514

cht gut!

Besonders romantisches Privatrestaurant mit kolonialem Ambiente und leckeren Gerichten. ●●

■ **La Esperanza**

Calle 16 No. 105, e/ 1ra y 3ra

Miramar

Tel. (7) 203 4361

Wunderschöner Paladar in Jugendstilhaus. Die Küche wird hier kreativ mit französischen Akzenten verfeinert. Unbedingt reservieren. Di geschl. ●●

Shopping

■ **Supermercado 70**

3ra. Avenida e/ 62 y 70][Miramar

Der größte Supermarkt Kubas.

■ **Casa del Habano**

Mercaderes 202 esq. a Lamparilla

Habana Vieja

Der Treffpunkt echter Zigarrenfans.

■ **Casa del Ron**

Obispo esq. a Bernaza

Habana Vieja

Führt besonders viele Rummarken, doch sind auch die Shops am Flughafen bestens sortiert. Wie wär's mit einer Flasche »Paticruzado« oder »Guayabita del Pinar« für 4 CUC? Gibt's garantiert nicht im heimischen Spirituosenhandel!

■ **Esclusividades Verano**

Calle 18 No 4106 e/ 41 y 43

Miramar

Kubanische Designermode.

La Maison
7ma Avda esq. Calle 16
Miramar
Bietet ebenfalls die Modelle kubanischer Designer. Die **Modenschauen im La Maison sind wegen der attraktiven Models sehr beliebt.**

Echt gut!

El Quitrin
Calle Obispo y San Ignacio
Habana Vieja
Verkauft schöne handgestrickte Kleider und weiße, mit Bordüren verzierte Baumwoll-Guayaberas, die in Kuba Anzug und Schlips ersetzen.

Echt gut!

Die heißesten Nightspots

- **Salón Rosado »Beny Moré«,** Havanna: Kubas authentischster Tanzschuppen. › S. 59
- **Irakere Jazz Club** in Miramar, Havanna: brasilkubanische Jazzfusion. › S. 59
- **Casa de la Música,** zweimal in Havanna: Salsa bis zum Abwinken. › S. 58
- **La Comparsita** in Varadero: musikalischer Fluchtpunkt von den Hoteldiscos. › S. 77
- **Casa de la Trova,** Matanzas: Auftritte von Kubas berühmten Rumba-Ensembles. › S. 79
- **Casa de la Música,** Cienfuegos: Salsa und Reggaeton live unter freiem Himmel. › S. 94
- **Casa de la Trova,** Trinidad: Bolero, Guagancó, Son und Guaracha. › S. 98
- **Casa de la Trova,** Santiago: Kubas berühmteste Musikkneipe. › S. 129
- **El Patio de los dos Abuelos,** Santiago: traditionelle Salsa vom Feinsten. › S. 129

Oficina del Historiador
Calle Mercaderes 11 e/ Obispo y Obrapia][Habana Vieja
Buchhandlung mit einer Menge Bücher über Kuba.

Casa de la Música (Calle 20, No 3309, Vedado), **Longina Música** (Obispo 362, Habana Vieja) und **Música y Instrumentos Musicales** (Calle 18, No 509, Vedado) führen Congas, Maracas, Güiros und Tumbadoras.

Taller Experimental de Gráfica de la Habana
Callejón del Chorro, Plaza de la Catedral][Habana Vieja
Verkauft **hochwertige Lithografien und Bilder.**

Echt gut

Weitere Adressen für Kunstliebhaber sind: **Taller de Serigrafía René Portocarrero** (Cuba 513, e/ Brasil y Muralla, Habana Vieja), die staatliche **Galeria La Acacia** (San Martín 114 e/ Industria y Consulado, Centro) und die private **Fundación Ludwig de Cuba** (Calle 13 No. 509, 5to piso, Vedado).

Nightlife

Ballet Nacional de Cuba
Teatro Nacional de Cuba
Paseo esq. a Calle 39][Vedado
Tel. (7) 835 2946
Tanzvorstellungen auf Weltklasseniveau. Reservierung erforderlich.

Café Cantante Mi Habana
Teatro Nacional de Cuba
Paseo esq. a Calle 39][Vedado
Tel. (7) 879 0711
In dem großen und sehr populären Salsa-Club treten die berühmtesten Gruppen der Insel auf. Auch Disco.

Casa de la Música
Calle 20 No. 3308, esq. 35][Miramar und Galiano e/ Concordia y Neptuno Centro

Tel. (7) 202 6147 bzw. **862 4165**
In den zwei Discos dreht sich alles um Salsa, Son und andere Rhythmen: **Auftritte bekannter Bands; gute Auswahl an CDs und Kassetten;** Di–So ab 22 Uhr.

Echt gut!

■ **Club Imagenes**
Calzada 602 e/ B y C][Vedado
Tel. (7) 833 3606
Romantische Bar mit erstklassigen Jazzpianisten und Bolerosängern, spätabends Disco.

■ **Irakere Jazz Club**
Calle 0 No 314 e/ Calle 3ra y Avenida 3ra][Miramar
Tel. (7) 209 3389.
2004 wurde der berüchtigte Rio Club in einen **erstklassigen Jazzclub** umgewandelt, in dem Chucho Valdés und internationale Solisten gerne auftreten. Interessante Crossovers zwischen Brasilien und Kuba.

Echt gut!

■ **Piano Bar Delirio Habanero**
Teatro Nacional de Cuba][Vedado
Tel. (7) 873 5713
Stilvoller Club, wo man bis zum Morgengrauen zu sanften Jazz- und Pianoklängen Cocktails schlürfen kann.

■ **Salón Rosado »Beny Moré« im Club Tropical**
Avenida 41 y 46][Playa
Tel. (7) 206 1281
Einer der heißesten und größten Tanzschuppen Havannas. Auf die Chillout-Galerie flüchten sich Gäste, denen es auf der Tanzfläche zu riskant wird, wenn eine der großen Salsa-Gruppen auftritt und die Menge tobt.

Echt gut!

2 ***Tropicana**
Calle 72 No. 4505 e/ 41 y 45][Marianao
Tel. (7) 267 1717 oder **267 1010**
www.cabarettropicana.com

Karibische Schönheiten im »Tropicana«

Legendäres Kabarett. Tanzshows auf der Openair-Bühne mit aufwendigen Kostümen und den hübschesten Mädchen Kubas. Zwei Ensembles mit ca. 200 Tänzern bieten eine perfekte Show. Beginn 22 Uhr, Einlass ab 20.30 Uhr. Kleidung nicht zu salopp. Nur mit Reservierung. Eintritt ca. 70–90 CUC, Fotografieren und Videoaufnahmen kosten extra. Bei Regen keine Vorstellung!

Aktivitäten

■ Im **Callejón de Hamel**, einer Gasse in Centro Habana nicht weit vom Malecón, herrscht am Sonntagnachmittag die schiere Rumba-Manie. Kubaner jeden Alters versammeln sich, um hier zu tanzen und zu trommeln.

■ Mo–Fr ab 15 Uhr weisen Kubaner in die Kunst des Salsa-Tanzens ein: Der Proberaum der **Academia Salsa Alegre** liegt am Malecón in nächster Nähe zur Altstadt. Infos in Deutschland bei avenTOURa Reisen, Tel. (07 61) 2 11 69 90, www.aventoura.de. Sehr beliebt sind auch die **Tanzkurse von Folcuba** des **Conjunto Folklórico**

Echt gut!

Strandleben aktiv an den Playas del Este vor den Toren Havannas

Nacional, einer der berühmtesten Tanzgruppen Kubas, geleitet von der herausragenden Tänzerin und Choreografin Teresa Gonzales. (Calle 4 No 103, e/ Calzada y Calle 5, Vedado, Tel. (7) 830 3060)

*Ausflug zu den Playas del Este

Etwa 20 km östlich der City ziehen sich am kristallblauen Atlantik sieben schöne Sandstrände entlang. Über die Autobahn sind sie schnell zu erreichen.

Jenseits der Plattenbausiedlungen beginnt der sogenannte **Blue Belt** – blauer Himmel, blaues Wasser –, ein Sonnenparadies mit Palmenidylle, wo die kubanische und amerikanische Bourgeoisie sich in den 1950er-Jahren luxuriöse Sommervillen errichtete. Die schönsten der sieben Strände sind **Guanabo** und ***Santa María del Mar.** Letzterer ist mit Abstand der beliebteste Strand und hat die meisten Hotels. Auf einer Breite von 17 bis 57 m kann man auf dem feinen Sand herrliche Spaziergänge unternehmen, zwischen Lagunen, Kokospalmen und Mangroven ein Picknick machen oder einfach nur faulenzen. Mit einem Boot ist man im Nu bei den vorgelagerten Korallenriffen.

Die übrigen beiden Strände, **Jibacoa** und **Trópico,** sind durch eine schroffe Felsküste von der eigentlichen Strandzone abgetrennt. Sie liegen in der Nähe des Fischerdorfes **Santa Cruz del Norte**.

Hotel

Villa los Pinos
Avenida Las Terrazas y Calle 4
Tel. (7) 97 1361
www.villalospinos.com
Schöne Bungalowanlage mit modern eingerichteten Zimmern; außerdem einige Villas mit Privatpool. ●●●

Der Westen

Nicht verpassen!

- In Soroa bunte Orchideen bewundern
- In der Fabrik von Pinar del Río selbst eine Zigarre rollen
- Durch das Valle de Viñales radeln
- Die Höhlen von Viñales erforschen
- Auf Cayo Levisa am Strand faulenzen
- In María La Gorda tauchen

Zur Orientierung

Landschaftlich besticht der Westen Kubas durch seine einzigartige Schönheit. Kein anderer Landstrich zählt so viele Palmen, die Königspalme etwa oder die »barrigona«, die »schwangere« Palme, die nur hier wächst. Kupferrot leuchtet die fruchtbare Erde. Ausgedehnte dichte Pinienwälder und grüne Berge wechseln sich mit Plantagen ab. Am Himmel tauchen immer wieder schwarze Truthahngeier auf.

Eine optische Glanzleistung der Natur sind die »mogotes«, die grün bewachsenen Kalksteinkegel im Viñales-Tal, das sich bei Sonnenauf- und Sonnenuntergang in eine wie gemalt wirkende Märchenlandschaft verwandelt. Kletterer und Höhlenwanderer kommen hier auf ihre Kosten.

In der Provinzhauptstadt Pinar del Río werden ausgezeichnete Zigarren gedreht. Ihr Tabak wird im nahen weltberühmten Anbaugebiet Vuelta Abajo gezogen.

Weiter östlich laden die spektakuläre Berglandschaft des Parque Nacional La Güira und die kühlen Wälder der Sierra del Rosario, ein Dorado des Ökotourismus, zu ausgedehnten Radtouren ein, während auf Cayo Levisa vor der Nordküste und in María La Gorda ganz im Südwesten puderzuckerfeine Strände und besonders fischreiche Tauchgründe locken.

Tabakernte im Viñales-Tal

Tour in der Region

Mit dem Rad nach Viñales

5 Havanna › Playa Baracoa › Reserva de la Biosfera Sierra del Rosario/Las Terrazas › Soroa › San Diego de los Baños › Parque Nacional La Güira › Cueva de los Portales › Cueva del Indio › Viñales

Dauer: 4–5 Tage
Praktische Hinweise: Die Fluglinien nehmen Räder gegen eine recht geringe Gebühr mit (Cubana auf Inlandsflügen sogar kostenlos). Für alle Radtouren gilt: Jede Menge Flickzeug und mindestens drei Ersatzschläuche einpacken. Wer mit dem Bus von Viñales oder Pinar del Río nach Havanna zurückfahren will: Viazul-Busse transportieren Räder gegen eine kleine Gebühr.

Am Malecón entlang geht es zum Jachthafen Marina Hemingway und weiter zur schönen, völlig untouristischen **Playa Baracoa** (27 km, 2 Std.). Den Nachmittag verbringt man am Strand (Unterkunft in Privatquartieren › S. 22).

Am 2. Tag radelt man frühmorgens los, wenn noch kaum Verkehr auf der Autopista herrscht und die Morgensonne wechselnde

Im Botanischen Garten von Soroa

Farbspiele auf das Meer zaubert. Nach dem Hafen Mariel geht es parallel zur Autopista nach Pinar in die kühlen Wälder der *Reserva de la Biosfera Sierra del Rosario › S. 64. Im Ökohotel Moka bei Las Terrazas › S. 64 kann man übernachten (4–5 Std., 60 km).

Der 3. Tag wird anstrengend, doch warten in **Soroa › S. 64 der wunderschöne Orquideario und ein erfrischender Wasserfall. Die Weiterfahrt über die verkehrsarme Autopista (bis km 90) und die Carretera Central nach San Diego de los Baños ist eine gemütliche Angelegenheit. Die warmen Quellen des Kurorts sind eine Wohltat für müde Glieder (75 km, 6–7 Std.) (Unterkunft in Privatquartieren › S. 22).

Am 4. Tag geht es von San Diego durch die spektakuläre Berglandschaft des *Parque Nacional La Güira › S. 69, die für die verkehrsfreie Schlaglochpiste bis La Palma entschädigt. Der erste kleine Abstecher führt zu einem aufgegebenen Campismo in Los Pinos, den die Lebensgefährtin Fidels anlegen ließ: ein magisch schöner Ort. Einige Kilometer weiter führt ein Abstecher zur *Cueva de los Portales › S. 69, dem Befehlsstand Ches während der Kubakrise. Weiter geht es über La Palma nach ***Viñales › S. 67 mit Halt bei der *Cueva del Indio › S. 68 durch eine wunderbare Landschaft, deren Karstkegel in der späten Nachmittagssonne besonders fotogen leuchten (62 km, 5–6 Std.). Wer mag, verlängert die Tour um einen Tag und fährt die Bergstraße von Viñales nach Pinar del Río › S. 65 (28 km, 1,5 bis 2 Std.).

Verkehrsmittel

Viazul-Busse fahren von Havanna über Pinar del Río nach Viñales.

Unterwegs in Kubas Westen

**Soroa 1

Das kleine Dorf liegt in der ***Reserva de la Biosfera Sierra del Rosario,** der östlichen der beiden Mittelgebirgsketten in der Provinz Artemisia, in einem Biosphärenreservat der UNESCO. Hier wurde 1943 ein ***Botanischer Garten** angelegt. Auf 35 000 m² drängen sich rund 25 000 Pflanzenarten. Neben Magnolien, Philodendren, Hibiskussträuchern, Palmen und Farnen aus allen Erdteilen gibt es ein ***Orquideario,** das der ganze Stolz der Bewohner Soroas ist. 700 Orchideenarten gedeihen dort, 250 davon sind endemisch (tgl. 8.30–16.30 Uhr).

In der Nähe plätschert ein kleiner Wasserfall, der in die Thermen **Baño de San Juan** mündet. Dem schwefelhaltigen Wasser spricht man heilende Wirkung zu

Echt gut!

Packen Sie die Badehose ein: **Unter dem Wasserfall kann man herrlich baden.**

In der üppig bewaldeten Hügellandschaft wurde in **Las Terrazas,** 10 km östlich von Soroa, ein Ökotourismusprojekt gestartet. Naturnaher Urlaub ist hier garantiert. Im Angebot ist auch **Canopying** (pro Pers. 25 CUC) über die Baumwipfel von Las Terrazas und dem Lago del San Juan.

Hotel

Moka
Complejo Turístico Las Terrazas
Tel. (48) 57 8600
www.lasterrazas.cu

5

Mit dem Rad nach Viñales
Havanna › Playa Baracoa › Reserva de la Biosfera Sierra del Rosario/Las Terrazas › Soroa › San Diego de los Baños › Parque Nacional La Güira › Cueva de los Portales › Cueva del Indio › Viñales

Karte Seite 64

Architektonisch hübsch in den umliegenden Naturpark eingepasst. Der Service ist hier besonders freundlich, ein Pool bietet Erfrischung, Wanderwege laden zu Spaziergängen ein. ●●

Restaurant

Cafetal Buenavista

Complejo Turístico Las Terrazas
Hervorragendes Essen in einem alten Herrenhaus einer stillgelegten Kaffeeplantage aus dem frühen 19. Jh., vorzüglicher Service mit angenehmer *música campesina.* ●●

Pinar del Río 2

Sehr ländlich, aber mit ihren 140 000 Einwohnern durchaus lebendig ist die Provinzhauptstadt am Fuße der Sierra de los Órganos. Vor ihrer Gründung 1571 standen hier, wie der Name schon sagt, Pinienwälder, die jedoch später zugunsten von Tabakfeldern abgeholzt wurden. Neben einigen anderen neoklassizistischen Gebäuden ist das ***Teatro Milanés** von 1845 das beste Bei-

Edler Qualm

Im Gebiet zwischen Pinar del Río, San Luis und San Juan y Martínez herrschen klimatisch ideale Bedingungen für den Tabakanbau. Hier wird der weltbeste und teuerste Tabak geerntet, der *Vuelta Abajo.* Seit der Revolution bestellen mehr oder minder selbstständige Kleinbauern, die *vegueros,* die Felder.

Nach drei Monaten sorgsamster Pflege beginnt die Ernte. Die Blätter werden einzeln gepflückt und in den *casas de tabaco* in Bündeln zum Trocknen an Holzgestellen aufgehängt. Anschließend werden sie nach Havanna geschickt und dort in den Fabriken fermentiert.

Frauen verrichten in den Tabakfabriken die Hauptarbeit. Die *escogedoras,* die Qualitätsprüferinnen, und die *rezagas,* die Frauen, die die Zentralrippen aus den Blättern heraustrennen, sitzen wie in einem Klassenzimmer an langen Arbeitstischen aus Holz. Die hochspezialisierten *torcedores,* Zigarrendreher, bringen die Einlageblätter der Zigarre in Form, legen mehrere zusammen in einen Rillenkasten und schieben sie dann für ca. 25 Minuten unter eine Holzpresse. Mit den besten Blättern wird die Zigarre umwickelt; besonders das Runden der Kuppe, die mit der *chaveta,* einem scharfen Rundmesser aus dem Deckblatt geschnitten wird, erfordert Fingerspitzengefühl. Die Qualität des Deckblatts, seine Struktur und Makellosigkeit bestimmen letztendlich die Preiskategorie.

Die mit einem dünnen Faden zu Bündeln zusammengefassten Zigarren kommen an einen Ort mit konstanter Temperatur. Je nach Durchmesser und Länge werden sie sortiert nach *coronas, regalías, brevas, panetelas, cadetes* oder *punchenellos. Corona* ist die dicke Standardform.

Alle kubanischen Marken wie *Partagas, H. Upmann, Montecristo, Cohiba, Romeo y Julieta* erhalten als Echtheitsbeweis eine *vitola* (Banderole).

Karte Seite 64

spiel für die typische Säulenarchitektur der Stadt. Bei diesem Vorzeigebau des durch Tabak reich gewordenen Bürgertums wurden die besten kubanischen Edelhölzer verwendet.

3 Die erste Tabakfabrik in Pinar del Río wurde 1760 gegründet. Bei einem Besuch der ****Fábrica de Tabacos Francisco Donatien** nahe der Plaza de la Independencia lernt man viel über die manuelle Produktion edler Zigarren. Man sieht den Arbeiterinnen zu, wie sie die Tabakblätter schneiden und rollen. Im Anschluss an den Rundgang kann man die Erzeugnisse in allen Größen kaufen. Im benachbarten **Caracol-Laden** erhält man Likör aus Guayabita, einer der Hagebutte ähnlichen Frucht.

Hotel

Vueltabajo
Martí 103
Tel. (48) 75 9381
www.islazul.cu
2005 in einem Kolonialhaus im Stadtzentrum eröffnetes Hotel mit modernen Zimmern. Das Restaurant serviert internationale Küche. Von dem Hotel Pinar del Río, dem zweiten Haus von Islazul, ist dagegen dringend abzuraten! ●●

Restaurant

Rumayor
Ctra. a Viñales, km 1
Das zum gleichnamigen Nachtclub gehörende Restaurant serviert *pollo ahumado,* geschmortes Huhn, und saftige Rindersteaks. ●

4 ***Valle de Viñales 3

Wenn man von Pinar del Río Richtung Norden nach Viñales fährt, gelangt man in die merkwürdige Welt der Gebirgskette **Sierra de los Órganos.** Aus der ebenen Fläche des **Viñales-Tals** ragen einzelne, bis zu 400 m hohe, bizarre Kalksteinfelsen, die »mogotes«, heraus. Die hübschen, grün überwucherten Hügel sind 160 Mio. Jahre alt und heißen im Volksmund »Elefantenrücken«. Sie sind das Ergebnis tropischer Kalksteinverwitterung. Entlang

Grün überwucherte »Elefantenrücken« im Viñales-Tal

der Risse im Gestein lösen Boden- und Pflanzensäuren Kalkpartikel heraus, die der Regen abträgt, sodass über Jahrmillionen eigenwillige Hügelformen entstehen. Immer beliebter werden die *mogotes* bei Kletterern.

Kurz vor Viñales biegt man links ab und erreicht ein schrilles Kunstwerk, das **Mural de la Prehistoria** im Nachbartal Valle de las Dos Hermanas. Zur Erinnerung an das Dino-Alter der *mogotes* malte man hier mit bunter Kreide »prähistorische« Urmenschen und -tiere an eine 120 m hohe Felswand. Die Idee dazu stammte von Castros Lebensgefährtin Celia Sánchez Manduley.

Echt gut!

Dramatische Landschaftseindrücke

- Kubas schönste Morgen- und Abendstimmungen in der exotischen Karstkegellandschaft von **Viñales.** › S. 67
- Das traumverlorene **Valle de Yumurí** bei Mantanzas. › S. 80
- **Sierra del Escambray**: eine kühle Berglandschaft mit Wasserfällen, Badeteichen und würziger Luft. › S. 99
- **Serpentinenstraße La Farola** zwischen Guantánamo und Baracoa – Panorama vom Feinsten mit Regenwald und Meer. › S. 111
- Atemberaubende Ausblicke auf der **Küstenstraße am Südhang der Sierra Maestra** zwischen Santiago und Pilón. › S. 118
- Der Blick vom Gipfel der **Gran Piedra** bei Santiago. › S. 133
- Unberührte Regenwälder im **Humboldt-Nationalpark.** › S. 137

Hotels

Los Jazmines
Ctra. Pinar del Río, km 25][Viñales
Tel. (48) 79 7411
reserva@vinales.hor.tur.cu
Hier genießt man den **schönsten Ausblick auf die bizarren Gesteinsformationen;** mit Pool. ●●

Echt gut

La Ermita
Ctra. de la Ermita, km 2][Viñales
Tel. (48) 79 6250
Vom Hügel aus bietet sich ein wundervoller Blick auf die *mogotes;* viele Reisegruppen. ●●

Restaurants

Rancho San Vicente
etwa 2 km südlich an der Straße nach Pinar del Río; Spezialität des Hauses: *cerdo asado y ahumado,* Spanferkel aus dem Ofen. ●●

Palenque de los Cimarrones
Ctra. a Puerto Esperanza, km 36
Viñales
Tel. (48) 79 6290
Gestaltet als Wehrdorf geflohener Sklaven; serviert kreolische Speisen. Tgl. 8–16 Uhr, abends nur für Gruppen mit Reservierung. ●●

Ausflüge von Viñales

*Cueva del Indio 4

Von den zahlreichen Höhlen im Viñales-Tal ist die Cueva del Indio nördlich von Viñales, die meistbesuchte. Die 1 km lange Höhle wurde durch einen unterirdischen Fluss ausgewaschen. Sie soll den Taínos als Versteck gedient haben, als Kolumbus und seine Männer im Goldrausch taumelten. Entdeckt wurde sie erst 1920. Mit viel Fantasie erkennt man in den angestrahlten Tropfsteingebilden, was die Führer suggerieren: die drei Schiffe von Kolumbus, ein Seepferdchen, einen Leguan und eine Riesenschlange.

*Gran Caverna de Santo Tomás 5

Mehr als acht »Stockwerke« tief und 45 km lang ist dieses **faszinierende Höhlensystem** südwestlich von Viñales, eines der größten weltweit. Die Führung (90 Min.) besteht aus einem leichten Abstieg mit Helm und Lampe, da die Höhlen unbeleuchtet sind. Es werden auch Spezialtouren unterschiedlicher Schwierigkeitsgrade für Höhlenkundler angeboten. Dabei geht es über Leitern und Seile in die Tiefe. Touren organisiert die Escuela Nacional de Espeleologia in Viñales, Tel. (48) 77 1014 oder 79 3145.

*Cueva de los Portales 6

Die Karsthöhle mit Flüsschen in der schönen Berglandschaft des ***Parque Nacional La Güira** ist ein Muss für Revolutionstouristen. Hier errichtete Che Guevara seinen Befehlsstand, da in der Umgebung sowjetische Mittelstreckenraketen stationiert wurden. Hier erwarteten er und weitere Revolutionäre im Oktober 1962 den Atomkrieg. 1987 wurde die Höhle zum Nationaldenkmal.

*Cayo Levisa 7

Noch gilt Cayo Levisa fast als Geheimtipp. Einmal täglich fährt ein Schiff (Hinfahrt 10 Uhr, Rückfahrt 17 Uhr; 25 CUC) von Palma Rubia in etwa 25 Min. zur Insel. Dort wartet ein **herrlicher, kaum erschlossener Sandstrand.** Eine kleine Tauchbasis bietet Bootsausflüge an. Von Puerto Esperanza starten auch *langostadas*, bei denen Langusten gefangen und verzehrt werden.

Hotel

Villa Cayo Levisa
Tel. (48) 75 6501
reservas@cayolevisa.co.cu
Nette kleine Bungalowanlage auf der Insel, mit Restaurant und Bar. ●●

*María La Gorda 8

Zum Strand María La Gorda muss man von Pinar del Río ca. 110 km nach Westen bis zur Halbinsel Guanahacabibes weiterfahren. Wo die beiden Cabos San Antonio und Corrientes die Bahía de Corrientes formen, liegt der 8 km lange Strand »Dicke Maria«.

Hotel

Villa Maria La Gorda
Tel. (48) 77 8131
www.villamarialagorda.com
Relaxen und Tauchen in völliger Abgeschiedenheit. ●●

Varadero und die Provinz Matanzas

Nicht verpassen!

- In der Villa Xanadú in Varadero bei einem Cocktail den Sonnenuntergang genießen
- In der Disco La Comparsita in Varadero die Nacht durchtanzen
- Mit dem Varasub-Boot trockenen Fußes Korallen und bunte Fische betrachten
- In Matanzas den Auftritt eines afrokubanischen Rumba-Ensembles erleben
- Vor der Küste der Isla de la Juventud tauchen gehen

Zur Orientierung

Varadero auf der Halbinsel Hicacos ist Kubas Touristenzentrum schlechthin. Zwischen Lagunen, Korallensand und Mangrovenwäldern hat sich hier eine Luxuswelt entwickelt, die für die Einheimischen unerreichbar ist. Die Touristen bringen zwar die nötigen Devisen, aber nicht die richtige Gesinnung mit – folglich sind enge Kontakte mit den Kubanern nicht erwünscht.

Die Provinz Matanzas wirkt wie eine endlose Zuckerplantage. Während der Erntezeit von November bis Mai sieht man rechts und links der Straße die *macheteros* genannten Zuckerrohrschneider zwischen den hochgewachsenen Stangen ihre Knochenarbeit leisten. Die Zapata-Halbinsel dagegen ist menschenleer. Mit dem Boot fährt man durch die wildromantischen Mangrovensümpfe. Es zirpt, piept, rauscht und knackt im sumpfigen Dickicht. Heute begegnet man in der Ciénaga kaum noch Krokodilen, dafür aber zahlreichen Fisch- und Vogelarten – und riesigen Moskitoschwärmen.

Vor der Südküste der Provinz Matanzas liegen die »Schatzinsel« Isla de la Juventud, das Mekka der Taucher, und das kleine Cayo Largo, das karibische Strandfreuden fernab des kubanischen Alltags verspricht.

Varadero – traumhaft weiße Sandstrände

Touren in der Region

Küstenträume an der Via Blanca

6 Varadero › Matanzas › Cuevas de Bellamar › Valle de Yumurí › Playas del Este › Havanna › Varadero

Dauer: 1–2 Tage
Praktische Hinweise: Viazul-Busse fahren diese Strecke bis nach Havanna (140 km westl.). Man kann aber auch mit einem Taxifahrer einen Pauschalpreis aushandeln. Bus oder Taxi bieten sich an, wenn man eine Strecke mit dem historischen »Hershey-Zug« fahren möchte. Er verkehrt zwischen der Estación de Casablanca in Havanna und Matanzas und benötigt dreieinhalb Stunden. Die ratternde Fahrt durch Zuckerrohrfelder und das schöne Yumurí-Tal ist ein Vergnügen für junge und alte Eisenbahnfans. Der Zug hält an 40 kleinen Stationen, an denen Einheimische zusteigen, die oft die abenteuerlichsten Dinge im Gepäck haben. An der alten, heute geschlossenen Zuckerfabrik von Hershey legt der Zug einen Fotostopp ein.

Man fährt am Morgen mit der Sonne im Rücken von ****Varade-**

Kutscher in Cárdenas

ro › S. 74 über die Laguna de Paso Malo (Checkpoint) an der teils felsigen, teils sandigen Küste entlang nach ****Matanzas** › S. 78. Wenige Kilometer südlich liegt der berühmte Höhlenkomplex der ****Cuevas de Bellamar** › S. 79, für dessen Besichtigung man mehrere Stunden einkalkulieren sollte. Von Matanzas geht es weiter in nordwestliche Richtung, um von der Brücke **Puente de Bacunayagua** den herrlichen Blick ins ****Yumurí-Tal** › S. 80 zu genießen. Am schönsten ist es hier in der Abenddämmerung, aber die Rückfahrt führt ohnehin wieder über die Brücke. Anschließend fährt man über die Küstenstraße Via Blanca nach *****Havanna** › S. 42, wobei sich mehrere Abstecher zu den Stränden von ***Playas del Este** › S. 60 anbieten. Die Rückfahrt erfolgt auf gleicher Strecke.

Zuckerrohrfelder und Sumpflandschaften

⑦ Varadero › Cárdenas › Guamá › Zapata-Halbinsel › Playa Larga › Playa Girón

Dauer: 2 Tage
Praktische Hinweise: Busse sind nicht praktikabel, man benötigt einen Mietwagen.

Die ca. 160 km lange Fahrt geht vom Urlauberzentrum ****Varadero** › S. 74 zunächst an der Bahía de Cárdenas entlang, in der das abgefackelte Gas der Ölförderanlagen gelegentlich für einen fauligen Geruch sorgt. In **Cárdenas** scheint die Zeit stillzustehen. Hier sieht man fast nur Pferdekutschen auf der Straße. Auf der Fahrt gen Süden überholt man Fußgänger, Fahrradfahrer, Pferde- oder Ochsenkarren, manchmal auch einen Lkw, aber nur ganz selten ein anderes Auto. Die Zuckerrohrfelder enden bei **Jagüey Grande**, wo die Abzweigung zum Naturschutzgebiet der **Zapata-Halbinsel** › S. 80 erreicht ist. Von hier geht es weiter, mit Halt in der »indianischen« Ferienanlage **Guamá** › S. 81, die wie ein Pfahldorf gestaltet ist, zur ***Playa Larga** › S. 82 und nach **Playa Girón** › S. 82 in der Bahia de Cochinos, wo ein Museum die Geschichte der Schweinebuchtinvasion dokumentiert.

In Playa Larga kann man einen längeren Strandaufenthalt einlegen, aber auch organisierte Ausflüge in die Zapata-Sümpfe buchen, oder in der Cueva de los Peces tauchen gehen.

Verkehrsmittel

Der internationale Flughafen von Varadero (Juan Gualberto Gómez, Tel. (45) 61 3016) wird direkt von mehreren deutschen Flughäfen aus angeflogen. Die Flüge landen am späten Nachmittag, man kommt also noch bequem am Abend mit Bus (ca. 25 CUC) oder Taxi (ca. 100 CUC) nach Havanna. Auf der Halbinsel verkehren Shuttles. Viazul-Busse pendeln mehrmals täglich zwischen Varadero, Matanzas und Havanna bzw. Varadero und Jagüey Grande (dem Tor zur Zapata-Halbinsel).

Der Flug von Havanna auf die Isla de la Juventud dauert 45 Min. (Flughafen Rafael Cabrera Mustelier, Tel. (46) 32 2690). Außerdem fährt von Puerto Surgidero de Batabanó, 50 km südlich von Havanna, morgens ein russisches Tragflügelboot nach Nueva Gerona, dem Hauptort der Isla de la Juventud. Abends geht eines zurück (2 Std.).

Cayo Largo ist nur mit dem Flugzeug zu erreichen: Der Flug ab Havanna dauert 35 Min., ab Varadero 40 Min. Es gibt aber auch Direktflüge aus Europa (Flughafen Tel. (45) 24 8141).

6 **Küstenträume an der Via Blanca** Varadero › Matanzas › Cuevas de Bellamar › Valle de Yumurí › Playas del Este › Havanna › Varadero

7 **Zuckerrohrfelder und Sumpflandschaften** Varadero › Cárdenas › Guamá › Zapata-Halbinsel › Playa Larga › Playa Girón

Unterwegs in der Region

**Varadero 1

Ebenso lang wie der Strand von Varadero (10 000 Einw.) wird in Zukunft wohl auch die Kette der Hotels sein – die zahlreichen Baukräne sprechen eine deutliche Sprache.

Architektonische Schönheiten in der Stadt sind die Holzvillen reicher Pflanzerfamilien, die Ende des 19. Jhs. hier den Strandtourismus in Mode brachten. Andere hübsche Häuser stammen aus der Zeit um 1900, als sich der Ort zum mondänen Tummelplatz nordamerikanischer Millionäre entwickelte. Der französische Chemiefabrikant Irénée Du Pont de Nemours erwarb 1926 praktisch die ganze Halbinsel Hicacos nördlich von Varadero für lediglich vier Centavos pro Quadratmeter. Du Pont parzellierte die Grundstücke und verkaufte den Quadratmeter für bis zu 120 Pesos an reiche amerikanische Industrielle, Politiker und Mafiosi, die ein riesiges Villenghetto anlegten. Abgeschirmt vom Rest der Welt, verkehrten hier Kubas korrupte Politiker und Diktatoren und erledigten ihre dubiosen Geschäfte mit ausländischen Freunden. Andere Kubaner waren fortan an den Stränden Varaderos nicht mehr zu sehen, es sei denn mit Schürze und Serviertablett.

Heute ist es beinahe wieder genauso. Nur abseits der Hotelzone kommt man dem kubanischen Lebensstil ein klein wenig auf die Spur. Am auffälligsten sind die kubanischen Männer, die lässig um ihre Cadillacs in Bonbonrosa, Himmelblau und Quietschrot herumstehen. Die stolzen Besitzer der betagten US-Schlitten sind häufig Meister der Improvisation.

Gemütlich und still wird Varadero am Abend, wenn die Kubaner auf den Veranden in ihren Schaukelstühlen Müßiggang pflegen. Wer ein paar Brocken Spanisch spricht, kommt mit den Kubanern in Varadero leicht in Kontakt, besonders im Freizeitpark **Parque Retiro Josone.**

5 **Mansión Xanadú

Zur Spitze der Halbinsel Hicacos hin liegt auf einer Anhöhe direkt über den Klippen inmitten schöner Gärten das 1959 verstaatlichte palastähnliche Sommerhaus des Multimillionärs Du Pont, das man wie ein Museum besichtigt. Für den Bau seiner Villa soll Du Pont 1929 alles in allem 1,3 Mio. Dollar ausgegeben haben. Im Erdgeschoss befanden sich ein großer Speisesaal, mehrere Gesellschaftsräume, ein Teeraum, eine Bibliothek und ein Büro. Einer der insgesamt neun Schlafräume im ersten Stock war für die polnische Geliebte des Multimillionärs reserviert. Unter dem Dach befand sich seine Bar, im Keller ein gut

Blick über den Strand zur Mansión Xanadú

sortierter Weinkeller. Die Orgel, die der Hausherr für eine seiner vier Töchter anschaffte, kostete stolze 110 000 Dollar. In der Garage der Du Ponts fanden sieben Autos Platz.

Inzwischen ist Du Ponts Villa in die Luxusherberge **Mansión Xanadú** umgewandelt worden, deren sechs gar nicht so überteuerte Zimmer vor allem von Golfern gebucht werden. Das französische Spezialitätenrestaurant **Las Americas** ist auf teures Seafood spezialisiert. (Zimmerreservierung unter Tel. (45) 66 8482, www.varaderogolfclub.com; ●●●)

Echt gut!

Cueva de Ambrosio

Diese Felsenhöhle wurde 1961 5 km nördlich der Villa an einer Klippe, die 8,5 m über dem Meeresspiegel liegt, entdeckt. Archäologen und Ethnologen waren kurz darauf zur Stelle, denn man fand hier über 40 Felszeichnungen, die auf die Ureinwohner zurückgehen. Zum Teil sind auch afrikanische Figuren zu erkennen, woraus die Forscher schließen, dass schwarze Sklaven in der Höhle heimlich ihre Kulte praktizierten.

Hotels

■ **Meliá Las Américas**
Autopista del Sur
Tel. (45) 66 7600
www.melialasamericas.solmelia.com
Die 2004 renovierte First-Class-Herberge der spanischen Kette liegt gleich neben Du Ponts Villa, mit Zugang zum Golfclub. ●●●

■ **Meliá Paradisus Varadero**
Autopista del Sur, km 15
Tel. (45) 66 8700
http://www.meliacuba.com
Besonders luxuriöses All-inclusive-Resort in bester Strandlage an der Punta Francés mit sehr schön eingerichteten Suiten, riesigem Pool, Spa und sogar zwei Gartenvillen mit Butler-Service. ●●●

Echt gut!

Einkaufen mit Traumblick: Souvenirshop auf zwei Rädern

■ **Sandals Royal Hicacos**
Ctra. Las Morlas (Autopista del Sur), km 15
Tel. (45) 66 8844
www.sandalshicacos.com
Romantisches, äußerst luxuriöses Hoteldorf auf der Spitze der Halbinsel Hicacos, insbesondere bei Wellnesstouristen und Paaren in den Flitterwochen beliebt. Ausgezeichneter Service, sehr gute Restaurants. Nur Suiten. ●●●

■ **Sol Palmeras**
Ctra. las Morlas
Playa de las Américas
Tel. (45) 66 7009
www.solpalmeras.solmelia.com
All-inclusive-Resort mit Palmengarten und gefälliger spanisch-karibischer Architektur; familienfreundliche Atmosphäre; strandnah. Golfplatz in der Nähe. ●●

■ **Sol Sirenas Coral**
Ctra. de las Américas
Tel. (45) 66 8070
www.solsirenascoral.solmelia.com
Gepflegtes Hotel mit Clubcharakter; Swimmingpool und Animationsprogramm; nur 80 m zum Strand. ●●

■ **Dos Mares**
Calle 53 y 1ra. Avenida
Tel. (45) 61 2702
www.islazul.cu
Der gute Service in dem freundlichen Haus mit 32 (unterschiedlich komfortablen) Zimmern lässt die von der Hauptstraße kommenden Geräusche vergessen. Weniger empfehlenswert ist das angeschlossene Hotel Pullman. ●

■ **Villa La Mar**
Calle. 3ra e/ 28 y 29
Tel. (45) 61 3910
www.islazul.cu
Bescheidenes Hotel in Zentrumsnähe, ein paar 100 m vom schönen Sandstrand entfernt. Klimatisierte Zimmer mit Terrasse oder Balkon, großer Pool, Restaurant und Disco. ●

Restaurants

■ **Dante**
Parque Josone][Tel. (45) 66 7738

Gilt als eines der besten italienischen Restaurants auf Kuba. Exzellente Weinkarte. ●●●

■ **La Casa de Antigüedades**
Avenida Primera y 59 (am Parque Josone)
Tel. (45) 66 7923
Mit **Antiquitäten, Kronleuchtern und Standuhren dekoriertes Restaurant für Romantiker,** in dem von edlem Porzellan und mit echtem Silberbesteck Hummer und »Filete Miñon« gegessen wird. ●●●

■ **Guamairé**
Avenida Primera esq. 27
Tel. (45) 61 1893
Innovative Küche in einem alten Holzhaus mit viel Atmosphäre, beispielsweise Krokodilspieße mit Ananas. Für weniger Mutige gibt's Kanincheneintopf. ●●

■ **El Mesón del Quijote**
Avenida de las Américas][La Torre
Tel. (45) 66 7796
Feine spanische Speisen mit der passenden kubanischen Musik in einer alten Mühle. ●●

■ **La Gruta**
Avenida Primera esq. a 56
Tel. (45) 66 7224
Teils in einer Höhle untergebracht; preiswerte, köstliche Fleischspieße. ●–●●

■ **El Bodegón Criollo**
Avenida de la Playa, esq. A Calle 40
Kreolische Imbissgerichte unter Palmen. ●

Shopping

■ **Centro Comercial El Caimán**
Ave. 1era e/ Calle 61 y 62, gegenüber dem Hotel Cuatro Palmas
Das kleine Einkaufszentrum bietet eine hübsche Auswahl an Schmuck, Kleidung, Alkoholika, Tabakwaren, Parfüms und Souvenirs. Gut mit Tonträgern, Noten und Musikbüchern sortiert ist der Laden Max Music.

■ **Taller de Cerámica Artística**
Avenida 1ra y Calle 59
(am Parque Josone)
Erstklassige Keramik! Außerdem kann man den jungen Leuten in der Werkstatt bei der Arbeit zusehen. **Erstaunlich preiswert sind Tafelgeschirr und Teller** der weithin bekannten Künstler Osmany Betancourt, Alfredo Sosabravo und Sergio Roque.

■ **Galeria de Arte**
gleich neben der Keramikwerkstatt
Tel. (45) 66 8260
Führt eine breite Auswahl an Kunsthandwerk.

■ **El Quitrín**
Avenida 1ra e/ 55 y 56
(am Parque Josone)
Schöne Stickereien, Strickkleider und Guayaberas, alles echte Handarbeit. Guayaberas sind höchst praktische, luftige Herrenhemden, vorzugsweise aus reiner Baumwolle, mit vielen Taschen.

Nightlife

■ **Tropicana de Matanzas**
Autopista de Varadero, km 45
Tel. (45) 265 5558
Kleiner als die bekannte Show in Havanna, aber auf jeden Fall sehenswert. Eintritt ab 35 CUC.

■ **La Comparsita**
Calle 60 esq. Avenida 3ra
Tel. (45) 66 7415
Momentan der **heißeste Tanzschuppen von Varadero,** mit spätabendlichem *Cabaret espectaculo.* Viel einheimisches Publikum. Karaoke-Bar im 1. Stock. Tgl. bis 3 Uhr morgens geöffnet.

Palacio de la Rumba
Avda de las Américas km 4
Tel. (45) 66 8210
Die derzeit größte Disco von Varadero, mit Livekonzerten der berühmtesten kubanischen Bands.

Aktivitäten

Im **Delfinario** in der **Mitte der Halbinsel** werden viermal tgl. hervorragende Shows mit dressierten Delfinen vorgeführt. Der Eintritt beträgt 15 CUC; für 90 CUC können Urlauber, die sich trauen, auch mit den Meeresbewohnern baden oder wellenreiten (tgl. 9–17 Uhr).

In der **Aquaworld** ist für alle, die beim Anblick von Schnorchel und Tauchgeräten eher ein flaues Gefühl im Magen verspüren, ein **Tauchgang mit dem Boot Varasub** ideal. Man sitzt im Trockenen und kann die Fischschwärme und Korallenriffe durch eine Plexiglasscheibe im Bootsbauch beobachten. Das Boot legt sechsmal täglich an der Punta Blanca in der Laguna de Paso Malo ab, die 90-minütige Fahrt kostet 35 CUC für Erwachsene, für Kinder 25 CUC **(Tel. (45) 66 7027)**. Danach hat man sicher Lust auf einen feuchtfröhlichen Schnorchelausflug zum **Cayo Blanco:** Der Rum ist im Preis von 85 CUC inbegriffen. Die Katamarane legen von der Marina Chapelin ab **(Tel. (45) 66 7550, comercial@marlin.var.cyt.cu)**.

Mutige können Varaderos Strand auch aus der Vogelperspektive erleben. Huckepack mit dem Lehrer springt man von einem russischen Doppeldecker an einem Fallschirm in die Tiefe. 150 CUC kostet der aufregende Spaß, die Transfers sind im Preis inbegriffen; organisiert vom **Centro Internacional de Paracaidismo, Vía Blanca, km 1,5, Tel. (45) 66 7256, skygators@cubasports.itgo.com.**

Das **Barracuda Dive Center** arrangiert **Gleitschirmflüge über den Strand von Varadero. Avda Primera e/ 58 y 59, Tel. (45) 61 1852, ventas@aqwo.var.cyt.cu.**

Echt gut

**Matanzas 2

Trotz ihrer vielen Fabriken ist die Hauptstadt der gleichnamigen Provinz eine der schönsten Städte Kubas. Die Ende des 17. Jhs. gegründete Hafenstadt erlebte zunächst mit Tabak, später dann mit Zucker einen enormen Aufschwung. In Sachen Wirtschaft und Kultur nahm sie schnell eine Vorreiterrolle ein. Nicht selten kamen nationale Trends aus der Ideenschmiede matanzanischer Intellektueller.

Diese vergangene Blütezeit hat im »Athen Kubas« deutliche Spuren hinterlassen. Im alten Stadtkern mit seinen engen Gassen im Schachbrettmuster stehen noch einige hübsche, teils restaurierte Prachtbauten mit Säulen und schmiedeeisernen Türen aus der Zeit des Zuckerbooms im 19. Jh. Wie in jeder spanischen Kolonialstadt gruppiert sich das Zentrum um die **Parque de la Libertad** genannte Plaza.

Die **Catedral San Carlos** ist ein großer, neoklassizistischer Bau von 1878. Früher gab es an der Plaza ein Kasino, in dem 1871 der erste *danzón* Kubas, ein beliebter Gesellschaftstanz, gespielt wurde. Heute ist es eine Bibliothek.

Karte Seite 73

Die Hauptattraktion am Platz ist allerdings das ***Museo Farmacéutico in einer ehemaligen Apotheke.** Hinter den meterhohen Regalen aus Zedernholz vermutet man noch den alten Dr. Triolet in seiner Alchemistenstube beim Zusammenrühren der Heilmittel nach eigenen Rezepturen. Tatsächlich konnte man hier bis 1964 noch teilweise selbst hergestellte Pillen und Salben kaufen. Seit der Eröffnung der Apotheke im Jahre 1882 hatte der Medikus eine riesige Sammlung von Flakons und Porzellandosen aus Böhmen und Frankreich erworben. Außerdem sind hier jede Menge Destillierkolben, Mörser, Waagen und ärztliches Handwerkszeug ausgestellt (Mo–Sa 10–17, So 10–14 Uhr).

Ein Stück östlich des Platzes liefert das 1862 erbaute, stattliche ***Teatro Sauto,** in dem sogar Sarah Bernhardt auftrat, den Beweis für die kulturelle Bedeutung von Matanzas. Das Haus hat 750 Sitzplätze und spricht mit seinen klassischen Musik- und Theaterabenden ein eher elitäres Publikum an. Der Geldgeber namens Sauto setzte sich mit dem verschnörkelten, neoklassizistischen Bau selbst ein Denkmal (Plaza de la Vigía; Führungen tgl. 8.30 bis 16 Uhr).

Schräg gegenüber findet man die **Casa de la Trova,** in der auch die beiden **berühmten Rumba-Ensembles von Matanzas** auftreten, besonders während des Festival del Bailador Rumbero Mitte Oktober.

Ein schöner Platz für einen Plausch: an der Catedral San Carlos

Ausflug zu den **Cuevas de Bellamar 3

3 km südöstlich von Matanzas entdeckten Sklaven, die in einem Kalksteinbruch arbeiteten, 1861 diesen größten zugänglichen Höhlenkomplex in Kuba. Das unterirdische Dunkel galt als das Reich des Satans. Um die 2 km lange Höhle begehbar zu machen, wurden Mitte des 20. Jhs. Tausende Tonnen Felsgestein beiseite geräumt und drei Wochen lang Wasser herausgepumpt. Zum Vorschein kam eine **faszinierende Welt der Steine mit seltenen Kristallbildungen,** z. B. der »Ko-

lumbusmantel«, ein über 12 m hohes Kristallgebilde, das wie ein Vorhang in Falten liegt. Hier befindet sich auch die größte Felsenhöhle, die 80 m lange und 25 m breite »Gotische Kammer«. Kleinen Besuchern wird die Sonderführung gefallen, bei der es mit Grubenlampe am Kopf durch dunkle Höhlenabschnitte geht (tgl. 9–17 Uhr, Eintritt 8 CUC).

**Valle de Yumurí 4

Obwohl der **Puente de Bacunayagua** Teil einer autobahnähnlichen Schnellstraße ist, kann man auf ihm ruhig Halt machen – das tun hier nämlich alle. Echt gut! **Von der Brücke aus wirkt das Yumurí-Tal wie ein perfektes Gemälde:** üppige Palmenhaine, am Himmel kreisende Truthahngeier und die weiß-blaue Küste. In die Kalksteinschlucht hat sich der Fluss Yumurí gegraben, der, von Mangroven umgeben, schließlich in den Atlantik mündet. Schon Alexander von Humboldt geriet bei diesem Anblick ins Schwärmen. Das **Centro Hípico** in Varadero (Vía Blanca, km 31, Tel. (45) 66 7799) organisiert Reitausflüge durch das Tal.

Das Leben scheint ein langer ruhiger Fluss zu sein in der Krokodilfarm von La Boca

**Zapata-Halbinsel 5

Der Nationalpark **Ciénaga de Zapata** erstreckt sich über eine Fläche von 2850 km². Die Mangrovensümpfe bilden eine einzigartige Naturlandschaft. Viele Veranstalter und Hotels bieten Ausflüge hierher an. In der *ciénaga* (span.: »Sumpf«, »Moor«) leben 87 % aller auf Kuba vorkommenden Vögel. Mit etwas Glück und Ausdauer bekommt man sogar den seltenen *Zunzuncito,* den mit 63 mm kleinsten Vogel der Welt, vors Fernglas.

*Criadero de Cocodrilos

Früher tummelten sich in diesem Gebiet zahllose Krokodile, inzwischen wurden sie von Jägern fast ausgerottet. Dem unnatürlichen Schwund wirkt die nach eigenen Angaben zweitgrößte Krokodilfarm der Welt entgegen. Man findet sie im Touristenzentrum **La Boca,** gut 15 km nach der Autobahnabzweigung. Die rund 2500 Krokodile in den Rundgehegen sorgen nicht nur für den Erhalt der Art, sondern auch dafür, dass den Nobelboutiquen die Ware nicht ausgeht – also kein unbedenkliches Unternehmen. (Tgl. 9 bis 17 Uhr, Eintritt 5 CUC)

Guamá

La Boca ist der Ausgangspunkt für den Bootsausflug in das zum Standardprogramm vieler Touren gehörende Hoteldorf. Eine halbe Stunde fährt man auf einer der Motorjachten durch Bambus und Schilf. Dann mündet der künstliche Kanal in die **Laguna del Tesoro,** den »Schatzsee«. Der Legende nach sollen die von den Spaniern verfolgten Indianer Säcke voll Gold im See versenkt haben. Man hat aber nie etwas gefunden.

Nach Überqueren der Lagune erreicht man die im Stil eines indianischen Pfahldorfes errichtete Ferienanlage **Guamá**. Zwölf künstliche Mini-Inseln sind durch Brücken miteinander verbunden, über die man die 50 Bungalows (●) erreicht. Die Vogelwelt ist fantastisch, doch wird man in der Dämmerung von Moskitos überfallen.

Restaurant

Im **Rancho** von La Boca wird das nach Huhn schmeckende weiße Krokodilfleisch gebraten am Spieß aufgetischt – eine seltene Gelegenheit, es einmal zu probieren. ●

In der historischen Schweinebucht 6

15 km südlich von La Boca gelangt man zur **Bahía de los Cochinos.** Der Invasionsversuch der Amerikaner und Exilkubaner ist zu einer der bekanntesten Episoden des Kalten Krieges geworden. 80 kleine Monumente, die entlang der Straße zur Playa Larga

Wohnen wie einst die Indianer: Bungalows im Feriendorf Guamá

Echt gut!

Die schönsten Tauchplätze

- **María la Gorda** im äußersten Südwesten der Provinz Pinar del Río. › S. 69
- Cenotes und Korallenriffe rund um die **Playa Larga** östlich der Zapata-Halbinsel. › S. 82
- **Cabo Francés** im Südwesten der Isla de la Juventud mit besonders bunter Unterwasserwelt. › S. 84
- Korallengärten und Cayos der **Jardines de la Reina** vor der Südküste bei Trinidad. › S. 98
- Wracktauchen und Haifütterung am Korallenriff vor der **Playa Santa Lucía.** › S. 107
- Korallenriff westlich von **Guardalavaca,** vor den Stränden Don Lino und Playa Blanca. › S. 114

aufgestellt sind, sorgen dafür, dass die blutige Schlacht von 1961 nicht in Vergessenheit gerät. Riesige Farbplakate stehen in der Landschaft, auf denen Castro mit der Kalaschnikow im Anschlag die Erinnerung an dieses erfolgreiche Kapitel der kubanischen Geschichte wachhält.

Im Dorf **Playa Girón** 7 dokumentiert das **Museo de la Intervención** die Geschichte des amerikanischen Invasionsversuchs von 1961 (Di–So 8–17 Uhr). Auch ein einmotoriger Jagdbomber der kubanischen Flotte wird hier aufbewahrt.

Einige Kilometer östlich findet man mit dem felsigen Küstenabschnitt ***Caleta Buena** ein **Korallenriff mit glasklarem türkisfarbenem Wasser:** ein Paradies für Taucher.

Echt gut!

Westlich von Girón lockt der schöne ruhige Strand von ***Playa Larga** 8. Auf halbem Weg springen Schnorchler und Taucher gern in den Cenote (Felsbecken) der ***Cueva de los Peces** mit kristallklarem, kühlem und fischreichem Wasser. Tauchgänge organisiert das Club Octopus Diving Center beim Hotel Playa Larga.

Hotels

Villa Playa Girón

Tel. (45) 98 4110
www.hotelescubanacan.com
Mit 132 Zimmern, bei Ornithologen beliebt. ●●

Playa Larga

Tel./Fax (45) 98 7294
www.hotelescubanacan.com
Kleines Hotel am gleichnamigen schönen Sandstrand. Organisiert Ausflüge in die Sümpfe. ●●

Die Invasion in der Schweinebucht

Im Januar 1961, zwei Jahre nach der Machtübernahme Fidel Castros, brach der amerikanische Präsident Eisenhower die diplomatischen Beziehungen zu Kuba ab. Kennedy führte den harten Kurs gegen Kuba weiter, um das neue Regime zu destabilisieren. Am 15. April 1961 wurde Havanna von Flugzeugen der US-Luftwaffe bombardiert, die mit dem kubanischen Hoheitszeichen getarnt waren. Aber Castro war informiert und hatte das Land in Alarmbereitschaft versetzt.

Zwei Tage später, am 17. April, landete in der **Bahía de los Cochinos** eine von der CIA ausgebildete Invasionstruppe von rund 1400 Exilkubanern. Ihr Ziel war der Sturz Fidels. Vom US-Präsidenten gebilligt und von der CIA unterstützt, geriet die nicht gerade mit kühlem Kopf eingefädelte Operation gegen ein paar schlecht ausgerüstete kubanische Bauern innerhalb von 72 Stunden zum Fehlschlag. Die meisten Insulaner standen zur Revolution.

Nachdem der Wirtschaftsboykott der USA nicht gefruchtet hatte, trieb Kennedy Fidel mit der Unterstützung der Exilkubaner direkt in die Arme der Sowjetunion. Im Gegenzug musste Fidel Chruschtschow die Insel vor Amerikas Haustür als Militärbasis zur Verfügung stellen.

Traumstrände und Tauchparadies: Isla de la Juventud

6 **Isla de la Juventud 9

Nur 70 km vor der kubanischen Südküste liegt Kubas größte Nebeninsel, die Isla de la Juventud, quasi als Anker des **Canarreos-Archipels,** dessen riesige Korallenbänke Tauchern großartige Erlebnisse versprechen. Der Sumpfgürtel **Ciénaga de Lanier** teilt die 3061 km^2 große, fruchtbare Insel in zwei ganz unterschiedliche Landschaftsräume: Berge, Plantagen und Siedlungen im Norden, Wald im Süden. Mit ihren Mangobäumen, Kokospalmen und Pampelmusenhainen gilt die Insel als der Obstgarten Kubas.

Vom 16. Jh. an diente die *islita* Piraten, die das spanische Handelsmonopol zu brechen versuchten, als Schlupfwinkel und Operationsbasis. 1628 erbeutete der Holländer Piet Heyn von den Spaniern 15 Mio. Gulden. Der

Engländer Sir Francis Drake lauerte in den Buchten den schwer beladenen Goldgaleonen aus Peru und Mexiko auf. Henry Morgan hatte auf der Isla de la Juventud ein geheimes Lager mit 700 Kumpanen und zwölf Schiffen. Sie soll den Schriftsteller Robert Louis Stevenson zu seinem Abenteuerroman »Die Schatzinsel« (1883) inspiriert haben, der später hier verfilmt wurde. Ende August 2008 wurde die Insel von Hurrikan Gustav verwüstet.

!! Die gesamte Insel südlich der Höhe von **Cayo Piedra** (Checkpoint!) ist militärisches Sperrgebiet, kann aber in geführten Touren besucht werden. Führer und Touren organisiert Ecotur, Calle 24 e/ 31 y 33, Tel. (46) 32 7101, für 25 CUC tgl.

Nueva Gerona

Der Hauptort Nueva Gerona ist ein provinzielles Nest ohne nennenswerte Sehenswürdigkeiten. Die meisten der 68 000 Bewohner der Insel leben hier, darunter die Arbeiter, die auf den Zitrusplantagen oder in den Marmorsteinbrüchen beschäftigt sind, außerdem Holzfäller und Köhler.

Presidio Modelo

Das interessanteste Monument der Insel ist der Presidio Modelo östlich von Nueva Gerona. Der Gebäudekomplex, der heute als Geschichtsmuseum dient, war bis zur Revolution ein gefürchtetes Gefängnis. Der berühmteste Insasse war Fidel Castro, der wegen des Angriffs auf die Moncada-Kaserne 19 Monate hier einsaß. (Di–Sa 8–16, So 8–12 Uhr)

Finca El Abra

Nationalheld José Martí wurde wegen aufrührerischer Reden 1870 auf die Finca El Abra, 2 km südlich von Gerona an der Carretera de Siguanea, gebracht, wo er einige Jahre in einer Art Halbgefangenschaft lebte. Im Hauptgebäude der Farm sind Martís Schlafzimmer und persönliche Gegenstände zu sehen (Di–Sa 8–16, So 9–12 Uhr).

**Punta del Este

Am schönsten Strand der Insel im Südosten, Punta del Este, wurden 1922 in einer 20 m² großen Höhle **indianische Malereien gefunden, die zu den bedeutendsten in der Karibik zählen.** Wände und Decke der Höhle sind mit schwarzen und roten Zeichnungen übersät. Experten deuten die Kreise als eine Form der Zeitmessung, die geheimnisvollen Deckenmalereien als Darstellung der Sternenbewegung.

Echt gut

**Cabo Francés

Das Taucherparadies Cabo Francés im Westen der Insel wurde in den 1950er-Jahren entdeckt. Der Inselsockel fällt am Kap auf über 1000 m Tiefe ab, die Wassertemperaturen bewegen sich um 25 °C im Winter und 29 °C im Sommer. Wegen der Korallenriffe und der **farbenprächtigen Meeresfauna und -flora** wird der Inselsporn selbst unter Tauchern mit den höchsten Ansprüchen als eine der

Echt gut

Schnorchelspaß auf Cayo Largo

ersten Adressen gehandelt. Das **International Scuba Diving Center** im Hotel Colony (› unten) bietet 56 ausgewiesene Tauchzonen an. Außer Tieftauchern kommen auch Schnorchler und Strandwanderer auf ihre Kosten.

Hotels

■ **Colony**
Ctra. Siguanea, km 41][Playa Roja
Tel. (46) 39 8181
reservas@colony.co.cu
Sämtliche Zimmer mit Blick auf Palmengarten und Meer. Das Colony betreibt das Tauchzentrum am Cabo Francés (hoteleigener Shuttlebus zum Hafenanleger, von dort Weiterfahrt mit Booten zum Kap). Außerdem im Angebot: Tennis, Reiten, Surfen. ●●

■ **Villa Isla de la Juventud**
Autopista, km 2,5][Nueva Gerona
Tel. (46) 32 3290
servitec@turisla.co.cu
Kleines, schön gelegenes Hotel mit Pool in Flughafennähe. ●

Restaurants

■ **La Insula**
Calle 39 esq. a 22
Nueva Gerona
Tel. (46) 32 1825
Bestes Devisenrestaurant. ●●

■ **Casa de los Vinos**
Calle 20 esq. a 41
Nueva Gerona
Tel. (46) 32 4889
Hier dreht sich alles um die Wurst und um einheimische Kopfschmerzweine. Probieren Sie *guachi,* einen Pampelmusenschnaps. ●

**Cayo Largo 10

Die nur etwa 27 km lange und schmale Badeinsel bildet den östlichsten Außenposten des Canarreos-Archipels. Obwohl viel kleiner als die Isla de la Juventud, ist sie touristisch weitaus stärker ausgebaut. Das Ferienzentrum mit sieben Hotels in der Mitte von Cayo Largo garantiert Natur pur –

An der Playa Sirena, Cayo Largo

lange, einsame Sandstrände für Sonnenanbeter, herrliche Korallenriffe für Taucher und ein Vogelreservat für ornithologisch Interessierte.

Die Strände **Lindamar, Blanca, Cocos, Tortugas** an der Südküste und **Luna** an der Nordküste sind zwar erschlossen, bieten aber alle sehr wenig Schutz vor der Sonne. Der populärste Badestrand heißt **Playa Sirena** und liegt am Westzipfel der Insel; hier ist das Meer am ruhigsten, und man kann **kilometerweit am Ufer entlanglaufen, ohne einen Menschen zu treffen.** Geht man mit nassen Füßen durch den Sand, sehen sie aus wie gepudert – so fein ist der Sand. Wen Strandwandern weniger begeistert, der kann die **Schildkrötenfarm** an der Marina Puerto Sol besuchen.

Echt gut!

Innerhalb des Ferienzentrums gibt es ein Informationsbüro, eine Tauchzentrale, einen Arzt und eine Apotheke, einen Jeepverleih und einen Taxistand. Ab Playa Sirena oder dem Anleger Marina Isla del Sol werden verschiedene Ausflüge in die Umgebung unternommen.

Ab etwa 18 Uhr schwärmen die Moskitos aus. Lange Kleidung und Mückenschutzmittel sollten daher bei keinem Ausflug fehlen.

Hotels

Barceló Cayo Largo Beach Resort

Tel. (45) 24 8080][www.barcelo.com
All-inclusive-Hotel mit umfangreichem Sportangebot und **Kubas einzigem (inoffiziellem) FKK-Strand.** ●●●

Echt gut

Sol Cayo Largo

Tel. (45) 24 8260
www.solcayolargo.solmelia.com
Komfortabel ausgestattetes Clubhotel mit breit gefächertem Animationsprogramm. ●●●

Villa Coral

Tel. (45) 34 8111][Fax 48 201
60 voll klimatisierte Zimmer in palmengedeckten Cabañas. Das Meer beginnt 5 m hinter der grünen Strandbefestigung. ●●

Restaurants

Ranchón

Playa Sirena
Nette Beach-Bar am traumhaft schönen Strand (Shuttlebus von den Hotels) mit kreolischer Küche, Fisch (darunter gegrillter Snapper) und leckeren Cocktails. ●●

Taberna del Pirata

im Jachthafen Marina Puerto Sol
Fangfrische Langusten und Fische, gewürzt mit Seeluft und kreolischer Musik. ●●

Iglesia San Francisco in Trinidad

Zentralkuba

Nicht verpassen!

- In Cienfuegos mit den Einheimischen am Wochenende auf dem Malecón Rumba tanzen
- Durch die kopfsteingepflasterten Gassen Trinidads schlendern und eine Canchanchara trinken
- Durch die Sierra del Escambray zu Wasserfällen wandern
- Auf Cayo Guillermo am Strand Hemingway lesen
- In Camagüey die nostalgische Pracht des Hotel Colón genießen
- In Santa Lucia tauchen und Haie füttern

Zur Orientierung

Im malerischen Naturhafen der Jagua-Bucht liegt die von französischen Siedlern gegründete Provinzhauptstadt Cienfuegos, deren vornehmes, klassizistisch geprägtes Zentrum ein Weltkulturerbe ist, wie auch das jenseits der Escambray-Berge gelegene Trinidad, ein koloniales Schmuckstück sondergleichen. Die teilweise gut sanierte historische Bausubstanz lässt die Atmosphäre zur Zeit der Zuckerbarone lebendig werden. Weil sich auch noch ein schöner Strand in der Nähe befindet, quartieren sich viele gleich für mehrere Tage in Trinidad ein.

Fast so hübsch, aber wesentlich weniger überlaufen ist Sancti Spíritus, die bescheidenere koloniale Schwester Trinidads. In Santa Clara pilgert man zum Mausoleum von Che Guevara, bevor man durch die alten Gassen im idyllischen Kolonialstädtchen Remedios schlendert.

Koloniales Juwel Trinidad

Auch in das koloniale Juwel Camagüey hat sich schon mancher verliebt. Die Stadt wurde durch Viehzucht reich. Noch heute grasen in der Hügellandschaft der gleichnamigen Provinz die besten Rinder Kubas, doch ihr Fleisch ist für Einheimische ein seltener Genuss.

Zahllose »cayos«, Koralleninseln mit schneeweißen Stränden, liegen wie Gärten vor der zentralkubanischen Nordküste, ein Paradies für Naturliebhaber und Wassersportler. Da sie streckenweise noch unerforscht und fast menschenleer sind, findet man hier absolute Traumstrände.

Touren in der Region

Koloniale Schätze

(8) Cienfuegos › Trinidad › Valle de los Ingenios › Sancti Spíritus › Santa Clara › Cienfuegos

Dauer: 3–4 Tage
Praktische Hinweise: Zwischen Cienfuegos und Trinidad bzw. Santa Clara verkehren Viazul-Busse, ansonsten auf allen Teilstrecken Astro-Busse.

Von ***Cienfuegos › S. 91 fährt man auf der sehr schönen küstennahen Straße am besten nachmittags mit der Sonne im Rücken nach ***Trinidad › S. 95. Im April überqueren Tausende Krebse zur Paarungszeit wie Lemminge die Straße, und viele verenden dabei unter breiten Lkw-Reifen. Darüber können sich nur die Truthahngeier freuen, denn einfacher kommen sie selten an Futter. Im warmen Abendlicht und am frühen klaren Morgen gelingen in Trinidad die schönsten Fotos und man geht den Busladungen mit Tagestouristen aus dem Weg. Am besten fährt man nachmittags durch das **Valle de los Ingenios › S. 98 mit seinen historischen Zuckermühlen, um *Sancti Spíritus › S. 100 noch im Abendlicht zu genießen. Am nächsten Vormittag geht es dann in Richtung Westen nach Santa Clara › S. 100. Nach der Besichtigung des Che-Guevara-Monuments fährt man in südwestliche Richtung zurück nach Cienfuegos, gerade rechtzeitig, um den Sonnenuntergang auf dem Malecón zu genießen und sich danach ins Nachtleben zu stürzen.

8 **Koloniale Schätze** **Cienfuegos › Trinidad › Valle de los Ingenios › Sancti Spíritus › Santa Clara › Cienfuegos**

Highlights der Provinz Camagüey

9 Cayo Coco › Morón › Ciego de Ávila › Camagüey › Cayo Sabinal › Playa Santa Lucía

Dauer: 3–5 Tage
Praktische Hinweise: Zwischen Cayo Coco (Checkpoint: 2 CUC), Morón und Ciego de Ávila verkehren Shuttlebusse, zwischen Ciego und Camagüey komfortable Viazul-Busse, und zwischen Camagüey und Playa Santa Lucía besteht wieder ein Shuttleservice. Wer Cayo Sabinal auf eigene Faust besuchen will, muss mit Kontrollen der Küstenwache rechnen. Die Hotels von Santa Lucía bieten Ausflüge auf das Cayo an.

Von ****Cayo Coco** › S. 103 geht es über die Dammstraße *(pedraplén)* ins kleine Städtchen **Morón**, in dessen Privatunterkünften › S. 22 viele Tagesbesucher der Cayos übernachten. Auf dieser Tour fährt man aber nach einigen Stunden weiter in die Provinzhauptstadt **Ciego de Ávila.** Hier kann man unverfälschtes kubanisches Leben ohne echte Sehenswürdigkeiten kennenlernen. Die meisten Touristen fahren ohne Übernachtung auf der gut ausgebauten Carretera Central in die 100 km südöstlich gelegene Kolonialstadt *****Camagüey** › S. 105 weiter, in der man mindestens einen Tag verbringen sollte. Es gibt hier gleich zwei schön restaurierte Hotels im Zentrum.

Am dritten Tag lockt wieder das Meer. In einer guten Stunde erreichen Sie das 89 km nordöstlich von Camagüey an der gleichnamigen Bucht gelegene Nuevitas: Sprungbrett für einen Besuch der einsamen Strände von ***Cayo Sabinal** › S. 107, das man über eine 30 km lange Holperpiste erreicht. Die von einem Wirbelsturm zerstörten Übernachtungshütten wurden allerdings nicht wieder aufgebaut. Daher müssen Sie am Nachmittag zurück nach Nuevitas. Kleine Sträßchen führen um die Bahia de Nuevitas herum in den Ferienort ***Playa Santa Lucía** › S. 107, wo Sie die Segnungen touristischer Zivilisation wieder einholen. Wenn Sie ihrem Mietwagen die schlechte Piste zum Cayo nicht zutrauen, können Sie auch die direkte Route von Camagüey nach Playa Santa Lucía (110 km) wählen.

Verkehrsmittel

Viazul-Busse fahren von Havanna, Santiago bzw. Varadero nach Cienfuegos, Trinidad und Santa Clara. Der Viazul-Bus von Havanna nach Santiago hält in Sancti Spíritus, Ciego de Ávila und Camagüey. Die **Züge** zwischen Havanna und Santiago halten in Santa Clara. Nach Santa Clara, Cienfuegos, Ciego und Camagüey kann man von Havanna fliegen.

Auf dem internationalen **Flughafen** von Cayo Coco (Tel. (33) 30 9165) landen Charterflüge aus aller Welt sowie Inlandsflüge aus Havanna und Santiago.

Unterwegs in Zentralkuba

***Cienfuegos 1

Die ca. 150 000 Einwohner zählende Hauptstadt der gleichnamigen Provinz liegt malerisch im Naturhafen der Jagua-Bucht. Ein 300 m breiter Durchlass verbindet sie mit dem Meer.

Die Stadtgründung erfolgte 1819 durch den spanischen Gouverneur José Cienfuegos. Wegen der zahlreichen Zuckerplantagen in der Umgebung waren die schwarzen Sklaven den Weißen zahlenmäßig weit überlegen. Aus diesem Grund förderte der Gouverneur die Einwanderung französischer Siedler aus Bordeaux, New Orleans und Florida.

Cienfuegos' moderner Hafen besitzt heute die größte Zuckerverladestation der Welt. Außerdem ist hier seit 2007 eine Ölraffinerie in Betrieb. Reich geworden ist die Stadt auch durch die Herstellung von Schnaps sowie mit Tabak, tropischen Früchten und Zement. Dennoch beeinträchtigen weder die Fabriken noch die Plattenbauten im neueren Teil von Cienfuegos den Charme des alten Stadtkerns.

Nur wenige Jahre nach ihrer Gründung wurde die Stadt 1825 von einem Wirbelsturm niedergefegt, danach sehr rechtwinklig auf dem Reißbrett neu angelegt. Ihr historisches Zentrum wurde 2005 von der UNESCO zum Weltkulturerbe erklärt.

Mitte Juli feiert Cienfuegos das einwöchige **Festival Naútica,** mit Fischerparaden, Ruder- und Segelregatten.

Auch in Cienfuegos wird der großen Che verehrt

An der **Plaza Martí

Mittelpunkt ist die begrünte, sehr gepflegte Plaza Martí, auch **Parque Martí** genannt, die mit ihren Löwen aus weißem Stein und den reich verzierten, renovierten Prachtbauten den Wohlstand der französischen Einwanderer im 19. Jh. sichtbar macht. Auf dem Platz steht ein Glück bringender Kapokbaum, und der Musikpavillon verbreitet ein fast kurstädtisches Flair. Die 1867 fertiggestellte Steinkathedrale wirkt mit ihren ungleichen Türmen hingegen etwas verunglückt.

Mehr Aufmerksamkeit erregt das ***Teatro Tomás Terry,** das 1890 errichtet wurde und etwa 900 Sitzplätze hat. Von einigen stilistischen Unsicherheiten abgesehen, hat der Bauherr und Milliardär Terry einen recht ansehnlichen Musentempel erbauen lassen. Zur Eröffnung wurde Verdis »Aida« aufgeführt; später feierten hier u. a. Caruso und Sarah Bernhardt Triumphe. Für die Inneneinrichtung mussten unzählige kubanische Edelhölzer herhalten, die goldene Decke des Zuschauerraums ist mit romantischen Himmelsszenen bemalt. Das 1965 restaurierte Theater ist heute wieder ein Zentrum für kulturelle, gesellschaftliche und politische Ereignisse in der Provinz Cienfuegos. (Mo–Sa 9–18, So 9–12 Uhr)

Auf der anderen Seite des Platzes steht ein **Capitolio,** das jenem in Havanna gleicht, aber kleiner ist. Hier hat der *Poder Provincial* (Provinzialregierung) seinen Sitz.

Zur Punta Gorda

Der Boulevard **Prado** (Calle 37) führt bis zur Spitze der Halbinsel **Punta Gorda.** Den einstigen Reichtum ihrer Besitzer lassen die Villen in diesem verfallenden Nobelviertel nur noch erahnen. Am Wochenende machen die Einheimischen am Malecón zwischen Calle 32 und 36 **Party unter freiem Himmel mit viel Musik und kleinen Bars.** Echt gut

Heute spiegelt nur noch der ***Palacio de Valle** die 1,5-Mio.-Dollar-Investition seines spanischen Bauherrn wider. Im Inneren ist inzwischen ein Restaurant untergebracht › S. 93. Der imposante Palast ist ein Abklatsch der maurischen Architektur sowie verschiedener anderer Stile – vier Jahre, bis 1917, war ein italienischer Architekt damit beschäftigt, zu vermischen, was nicht zusammengehört. Aber der Blick von der Dachterrasse auf die Bucht ist großartig. (Tgl. 9.30–23 Uhr)

Von hier aus ist auch das **Castillo de Jagua** zu sehen, die kleine Befestigungsanlage mit den steinernen Rundkuppeltürmen am Eingang der Bucht (Mo–Sa 9–17, So 9–13 Uhr). Das 2010 renovierte Kastell sollte die Stadt vor Piraten schützen, die auf ihrem Weg von und zur Isla de la Juventud vorbeisegelten.

Playa Rancho Luna

Der Reiz des Hausstrandes von Cienfuegos (15 km südöstl.) liegt vor allem in den attraktiven Tauchplätzen 5 bis 15 Minuten vor der Küste. Das Hotel **Faro de**

Karte Seite 89

Luna bietet ein Tauchzentrum, Wasserski-, Katamaran- und Surfbrettverleih sowie Bootsausflüge (Ctra. Pascaballo 18; ●). Die übrigen Strandhotels sind momentan für südamerikanische Patienten der »Misión Milagro« reserviert.

**Jardín Botánico de Cienfuegos

Ein Abenteuer für jeden Naturfreund ist der Botanische Garten (15 km) in der Nähe der Hauptstraße, die nach Osten aus Cienfuegos herausführt. Das leider immer wieder von Wirbelstürmen (zuletzt 2008) heimgesuchte Naturreservat wurde 1912 von der Harvard-Universität gegründet, finanziert und bis zur Revolution auch verwaltet. Unter freiem Himmel kann man auf einer Fläche von 100 ha die **größte Pflanzensammlung Kubas** bewundern (tgl. 8–17 Uhr).

Echt gut!

Hotels

■ **Jagua**
Calle 37 No. 1
Tel. (43) 55 1003
www.gran-caribe.com
Auf der Halbinsel Punta Gorda gelegen; sehr schön renovierte Zimmer und Pool direkt an der Bucht. Gutes Restaurant, Nightclub Cabaret Guanaroca. ●●

■ **La Unión**
Calle 31 esq. a 54
Tel. (43) 55 1020
www.hotellaunion-cuba.com
Elegantes, mintgrünes Hotel im Zentrum, das in einem aufwendig restaurierten, neoklassizistischen, blumengeschmückten Kolonialbau eröffnet

Maurisch angehaucht: Palacio de Valle

wurde. Fitnessstudio, Sauna und 49 mit Antiquitäten eingerichtete Zimmer rund um einen schön gekachelten Innenhof mit plätscherndem Brunnen und Whirlpool. ●●

■ **Hostal Palacio Azul**
Calle 37 e/ 12 y 16, Punta Gorda
Tel. (43) 55 5828
www.hotelpalacioazul.com
Der eklektische, azurblaue Palast von 1921 wurde 2004 als Hotel mit sieben Zimmern, Bar und Restaurant eröffnet. **Dachkuppel mit Restaurant und Traumaussicht.** ●●

Echt gut!

Restaurants

■ **Palacio de Valle**
Ave. 37, Punta Gorda
Tel. (43) 55 1226
Hier diniert man in neomaurischer Extravaganz; die kreolisch-internationale Küche (viel Seafood) ist allerdings überteuert. Dafür verwöhnt Pianistin Carmen Iznaga, Nichte des berühmten schwarzen Dichters Nicolás Guillén, mit zauberhaften Melodien. ●●●

Echt gut!

■ **1869 Restaurant**
Avenida 54 esq. Calle 31
Tel. (43) 55 1020

Elegantes Restaurant im Hotel La Unión mit internationaler Küche. Tgl. von 12–23 Uhr. ●●

■ Paladar Aché

Avenida 38 e/Calles 41 y 43
Tel. (43) 52 6173
Derzeit der beste Paladar der Stadt, mit afrikanischem Dekor und überdachter Terrasse. Gutes Fleisch vom Grill. Tgl. 12–16, 18–22 Uhr. ●–●●

Shopping

■ Maroya

am Parque Martí (gegenüber dem Teatro Tomás Terry)
Verkauft alles, was das Herz von Souvenirjägern erfreut: afrokubanische Puppen, Holzschnitzereien, Lederwaren, Originalgemälde kubanischer Künstler (nicht nur Kitsch, wie andernorts häufig!) und Schmuck.

Nightlife

■ Casa Caribeña

Calle 35 e/ 18 y 20
Tel. (43) 51 7016
Aus den offenen Türen und Fenstern der Disco-Bar schallt *música cubana.* Ab 22 Uhr Livekonzerte. ●

■ Casa de la Música

Calle 37 e/ Avenida 4 y 6
Tel. (43) 55 2320
Momentan ist dies die heißeste Disco. Unter freiem Himmel treten hier

Bitterer Zucker

Zucker war über Jahrzehnte Kubas Hauptdevisenbringer. Doch in den letzten Jahren ist die Zuckerproduktion unter das Niveau von 1907 gefallen.

Jedes Jahr zum Erntebeginn im November wird die Landbevölkerung zur *despedida de los macheteros* zusammengetrommelt. Wer in die (freiwillige) Knochenmühle im süßen Stangenwald geht, braucht eine gehörige Portion Solidarität und Nationalstolz. In Bussen werden die Arbeitskolonnen in die Camps gebracht, wo sie Seite an Seite zwischen den eng stehenden, scharfkantigen Zuckerrohrpflanzen schuften. Sie schneiden zwölf bis 13 Stunden am Tag, sieben Tage die Woche. Wenn die Sonne herunterbrennt, ist diese Arbeit die Hölle.

Im unteren Teil des dicken Stängels ist der Zuckergehalt am höchsten. Mit einem Schlag rasieren die mit Gummistiefeln, dicken Handschuhen und breitkrempigen Strohhüten ausgestatteten Männer das Rohr dicht über dem Boden ab. Dann werden die wertlosen Blätter abgetrennt. Das sieht einfach aus, aber selbst bei den Profis gehören Arbeitsunfälle zum Alltag. Beim Kappen der Stängel spritzt klebriger Sirup heraus, der sich in der Sonne auf der Haut in brennendes Karamell verwandelt. Liegt das Zuckerrohr am Boden, muss es schleunigst zur Verarbeitung in die Fabrik gebracht werden, sonst verdunstet der kostbare Saft. Auf dem Rücken transportieren die *macheteros* die Stangen zu den Wagen. Maschinen sind kaum im Einsatz. Es wird immer schwieriger, Arbeitskräfte für die *zafra* genannte Zuckerrohrernte zu gewinnen. Und das, obwohl die *macheteros* Kubas bestbezahlte Arbeiter sind – nur erhalten sie quasi wertlose Pesos statt der konvertiblen.

berühmte Salsa- und Reggaeton-Gruppen auf.

Club Beny Moré
Avenida 54 No. 2709, e/ 27 y 29
Tel. (43) 55 1105
Beliebteste und eleganteste Disco von Cienfuegos, mit Cabaret; am Wochenende stets voll.

Casa de la Cultura
Calle 37 No. 5615 esq. Avenida 58
Tel. (43) 51 6584
Das städtische Kulturhaus ist im ehemaligen Anwesen eines reichen Zuckerbarons untergebracht. Samstags geht es hier hoch her – v.a. bei den »Nächten des Boleros«.

7 ***Trinidad 2

In der viertältesten Kolonialstadt Kubas (ca. 40 000 Einw.) haben Zuckerbarone, Sklaven und Piraten ihre Spuren hinterlassen. Beim Bummel über das Kopfsteinpflaster fühlt man sich in die Kolonialzeit versetzt, als Sklavenhändler ihre »Ware« in Ketten durch die Straßen trieben, Trinkwasser krugweise verkauft wurde und einem der durchdringende Geruch von Trockenfisch in die Nase stach. An manchen Gebäuden verblieben in die Erde gebohrte Kanonenrohre, die die Hausecken vor einer Beschädigung durch hochrädrige Kutschen schützen sollten.

Als Standort für dieses wahre Schmuckstück von Stadt hatte Diego Velázquez 1514 die Ebene zwischen zwei Wasserläufen gewählt: Agabama und Tayabo führten damals noch Gold. Schmuggel war anfänglich die Hauptbeschäftigung der Trinitarios. Nachdem sie aber selbst mehrmals von Piraten ausgeplündert worden waren, wandten sie sich im 18. Jh. einer mühevolleren, aber legalen Tätigkeit zu – dem Zuckerrohranbau. Mit dem Zuckerboom erlebte Trinidad sein goldenes Zeitalter.

Als sich das Geschäft nach Havanna und Cienfuegos verlagerte und sich das Ende der Sklaverei abzeichnete, versank die Stadt ebenso schnell in der Bedeutungslosigkeit, wie sie aufgestiegen war. Ihrem Niedergang ist es letztlich zu verdanken, dass die Kolonialarchitektur bewahrt wurde. 1988 erklärte die UNESCO Trinidad, zusammen mit dem Valle de los Ingenios, zum Weltkulturerbe.

Historisches Zentrum

Makellos restauriert strahlen die Häuser der **Plaza Mayor**, die

Stimmungsvolles Trinidad

Besterhaltene Kolonialarchitektur im historischen Zentrum von Trinidad

fast alle in Museen umgewandelt wurden. Zu dem hübschen Ensemble im Kolonialstil zählt das **Museo de Arqueología im Palacio Padrón.** In der kleinen, aber mit Esprit gestalteten Ausstellung sind indianische Steinwerkzeuge, bemalte Tonkrüge und ein Indianerskelett zu sehen. Das Haus, das vor dem gelben Rokokogebäude hier stand, bewohnte übrigens der Eroberer Hernán Cortés, ehe er sich, frustriert über die äußerst mageren Goldfunde, nach Mexiko einschiffte. (Tgl. 9–17 Uhr)

Wer sich für die koloniale Architektur interessiert, kommt im ***Museo de la Arquitectura Colonial** an der nächsten Straßenecke auf seine Kosten. Das 1738 erbaute Haus – es gehörte einst Sánchez Iznaga, einem der reichsten Männer der Gegend – ist mit seinem Säulengang und dem Patio **ein herausragendes Beispiel der kubanischen Kolonialarchitektur** (Bolívar 457; Sa–Do 9 bis 17 Uhr).

Echt gut!

In der 1892 eingeweihten Pfarrkirche **Santísima Trinidad** wird ein in Spanien geschnitzter »Cristo de Veracruz« von Katholiken und Santería-Anhängern gleichermaßen verehrt. (Tgl. 10.30 bis 13 Uhr). Das frühere Haus des Zuckerbarons Nicolás Brunet y Muñoz hat man in ein ***Museo Romántico** umgewandelt. Möbel aus Edelhölzern, echte kubanische Wertarbeit, Kristalllüster aus Böhmen und Baccarat, Fayencen, Sèvres- und Meissener Porzellan sind hier zu bewundern (Fernando Hernández Echemendia 52 esq. Plaza Mayor; Di–So 9 bis 17 Uhr). Der Balkon im ersten Stock gewährt einen **herrlichen Blick auf die Plaza Mayor** mit den weißen Gartenzäunen und den englischen Windhunden in Bronze, auf die Ziegeldächer der niedrigen Häuser sowie – rechter

Echt gu

Hand – auf die gelb gekalkte **Iglesia San Francisco** von 1745 mit ihrem hübschen Glockenturm. Die Klostergebäude sind heute ein Museum, das den Kampf gegen »Konterrevolutionäre« dokumentiert (Di–So 9–17 Uhr).

Im neoklassizistischen Palast des Zuckerbarons Cantero, der mit Carrara-Marmor, antikem Mobiliar und edlem Porzellan eingerichtet ist, informiert das ***Museo Municipal** über die Stadtgeschichte. Schöner Blick vom Turm. (Calle Bolívar 423, Sa–Do 9–17 Uhr)

Wenige Schritte weiter steht der **Templo de Santería Yemayá**, in dem man viel über die »Regla de Ocha« erfährt. Er ist der Meeresgöttin Yemayá gewidmet. (Rubén Martínez Villena 59, e/ Simón Bolívar y Piro Guinart, tgl. 9–17 Uhr.)

Hotels

■ **Iberostar Gran Hotel Trinidad**
José Martí 262 e/ Pérez y Colon
Tel. (41) 99 6070
www.iberostar.com
Einziges Luxushotel der Stadt, 2006 in einem Kolonialhaus am Parque Céspedes eröffnet. Sehr komfortable Zimmer, leider etwas vernachlässigt. ●●●

■ **Brisas Trinidad del Mar**
Península Ancón
Tel. (41) 99 6500–07
www.hotelescubanacan.com
All-inclusive-Anlage im neokolonialen Stil; modern eingerichtete Zimmer und schöne Bäder. Drei Restaurants und großes Sportangebot. ●●●

■ In Trinidad gibt es sehr viele komfortable Privatunterkünfte, oftmals in **großzügigen Kolonialhäusern untergebracht.** Besonders zu empfehlen ist die **Casa Colonial Muñoz, Calle Martí 401 esq. Santiago Escobar, Tel. (41) 99 3673, http://casa.trinidadphoto.com.**

Echt gut!

■ Weitere Adressen im Internet unter www.cubaguide.de.

Restaurants

■ **Via Real**
Plazuela Real del Jigüe
Tel. (41) 99 6476
Elegantes Restaurant mitten im Altstadtkern. **Leckeres Hähnchen und köstliche hausgemachte Limonade.** ●●

Echt gut!

■ **Mesón del Regidor**
Bolívar 424
Tel. (41) 99 6572
Hier ist alles rustikal: das Haus, die Tische und die leckeren Grillgerichte. ●●

■ **La Plaza Mayor**
C. Rubén Martínez Villena esq. a C. Rosario (gegenüber dem Hauptplatz)
Tel. (41) 99 6470
Im Innenhof sitzt man unter Palmen; mittags Buffet und Livemusik, abends à la carte. ●

■ **La Canchanchara**
Real 70
Tel. (41) 99 6231
Bei fröhlicher Livemusik kann man typische Getränke wie z. B. einen Canchanchara (Rum, Fruchtsaft, Honig, Eis) oder einen Guarapo (Zuckerrohrschnaps, Zitronensaft, Eis) probieren. ●

Shopping

■ **El Alfarero Casa Chicchi**
C. Andrés Berro 9, e/ Abel Santamaría y Julio A. Mella
Keramikwerkstatt mit großer Auswahl an Souvenirs aus Ton wie Vasen mit

dem Konterfei Che Guevaras, Glockenspiele, Teller etc.

■ **Fondo de Bienes Culturales**
C. Simón de Bolívar 418
Staatlicher Kunsthandwerksladen einen Block südlich der Plaza Mayor, mit besonders großer Auswahl und hochwertiger Qualität.

Nightlife

Die breite Treppe an der Ostseite der Pfarrkirche Santísima Trinidad dient abends als Bühne für Livebands (kostenlos).

■ **Casa de la Trova**
C. Fernando Hernández Echerrí
Tel. (41) 96 445
Echt gut! Tag und Nacht erklingen hier Rhythmen von Bolero und Guagancó über Son bis La Guaracha, regelmäßig treten bekannte Bands auf.
Tgl. 9–2 Uhr, Konzerte ab 21.30 Uhr, Sa, So meist Tanz.

■ **Hotel Las Cuevas**
C. Buen Retiro (oberhalb der Altstadt hinter der Plaza Santa Ana)
Tel. (41) 99 6615
Die Höhlendisco »Ayala« besitzt eine hervorragende Akustik.

Ausflüge von Trinidad

***Valle de los Ingenios 3

Gut 20 km nordöstlich der Stadttore entstanden Ende des 19. Jhs. rund 50 große Zuckermühlen, die *ingenios,* weshalb das Tal den Namen Valle de los Ingenios erhielt. Auch dieser Ort wurde 1988 zusammen mit Trinidad zum UNESCO-Weltkulturerbe erklärt.

In einem *ingenio* waren ungefähr 200 Sklaven, aber nur zwölf Aufseher beschäftigt. Türme wie die **Torre de Iznaga** dienten dazu, jede Bewegung der Sklaven zu überwachen. Von der 45 m hohen Turmspitze aus konnten die Aufseher nahezu jede Unregelmäßigkeit beobachten und Alarm schlagen, sobald ein Sklave zu fliehen versuchte. Nachts wurden die Sklaven eingeschlossen. Dennoch kam es häufig vor, dass Schwarze von der Plantage flüchteten.

Ins Valle de los Ingenios verkehrt ab Trinidad eine dampfgetriebene **Schmalspurbahn.** Buchung bei Rumbos, Calle Antonio Maceo.

Die Strände von Trinidad 4

Die 6 km lange Landzunge **Ancón** 12 km südwestlich von Trinidad ist ein beliebtes Ziel für Sonnenhungrige. Vom Stadtzentrum verkehrt mehrmals täglich ein Pendelbus zum Strand. Unter Wasser warten 20 interessante Ziele auf Taucher. Von Ancón aus werden auch **Tauchexpeditionen zum vorgelagerten **Archipiélago de los Jardines de la Reina** organisiert. Echt gut! Die »Gärten der Königin«, die nach der dort wachsenden Königskoralle benannt sind, zählen etwa 20 kleine Cayos und sind alle mit blendend weißen Sandstränden gesegnet. Lange waren sie Fidels bevorzugtes Tauchrevier und daher für Touristen tabu. Inzwischen wurden sie zum Nationalpark erklärt. Wer eine Lizenz für 70 CUC erwirbt,

Karte Seite 89

Zuckerrohranbau im Valle de los Ingenios

darf hier tauchen. Bislang gibt es nur ein schwimmendes Hotel, die »Tortuga«, ein fest vertäutes, 50 x 15 m großes Boot mit acht Kabinen (max. 4 Pers.) und zwei neuen Kompressoren an Bord. Außerdem bieten die älteren kleinen Jachten »Explorador« und »Halcón« Unterkunft. Von Ancón fährt das 25 m lange Motorboot »Boca de Tora« (einfachste Kabinen) zu den Tauchgründen.

**Topes de Collantes 5

Nordwestlich von Trinidad erhebt sich die ***Sierra del Escambray,** in der sich Anfang der 1960er-Jahre bewaffnete Gegner der Revolution *(bandidos)* verschanzten, um einen aussichtslosen Guerillakrieg zu führen. Streckenweise sind die Berge ganz und gar mit Marabú-Gestrüpp überzogen. Die Heckenpflanze schützt vor Erosion, aber für die Bauern ist das undurchdringliche Buschwerk, das sich wie Unkraut vermehrt, eine Plage.

5 km vor Trinidad führt eine Abzweigung nach links über eine Serpentinenstraße zum höchsten besiedelten Punkt des Gebirges, den **Topes de Collantes** (770 m). Nach etwa 10 km bietet sich von einem Mirador (mit Bar) ein **herrlicher Ausblick auf die Halbinsel Ancón und die Bucht von Casilda.** Üppig grün ist es hier oben, wo Bambus, Hortensien und Orchideen gedeihen und Kubas weiße Nationalblume Mariposa blüht. Atmen Sie tief durch, denn das Mikroklima und die gute Luft der Eukalyptus- und Pinienwälder sollen vor allen möglichen Krankheiten schützen. Schattige Wanderwege führen zu Wasserfällen, Teichen und Höhlen. In Topes de Collantes befindet sich ein Zentrum des kubanischen Fitnesstourismus mit Saunen, Sport- und Badeanlagen.

Echt gut!

Hotels

Villa Caburní
Tel. (42) 54 0180
www.gaviota-grupo.com
Bungalowhotel im Stil von Schweizer Berghütten. ●●

*Sancti Spíritus 6

Die im 16. Jh. gegründete Hauptstadt (85 000 Einw.) der gleichnamigen Provinz liegt 70 km östlich von Trinidad. Dort kann man den hübschen ***Parque Central** mit gut erhaltener Kolonialarchitektur und eine der ältesten Kirchen Kubas besichtigen.

Das ***Museo de Arte Colonial** im Haus der Familie Iznaga zeigt viel Wissenswertes über die Kolonialzeit und die Zeit der Sklaverei (Di–Sa 9–17, So 8–12 Uhr).

Hotels

■ **Villa La Granjita**
Ctra. de Maleza, km 2
Tel. (42) 21 8190
aloja@granjita.vcl.cyt.cu
Wunderschöne, zweistöckige Häuser mit Palmdächern, unter deren Schatten man entspannen kann. Relativ gutes Restaurant; Pool und Tennisplatz. ●●

■ **Hostal de Rijo**
C. Honorato del Castillo 12, esq. a Máximo Gómez
Tel. (41) 32 8588
damaris@hostalrijo.co.cu
Neues feines Stadthotel in einem Kolonialgebäude von 1827; komfortable Zimmer, gute Küche. ●●

Echt gut

Santa Clara 7

In der Hauptstadt (175 000 Einw.) der Provinz Villa Clara triumphierte am 29. Dezember 1958 »Che« Guevara über die Truppen

Kubas beste Bohne

Kaffee ist neben Zucker, Tabak und der Viehwirtschaft die vierte tragende Säule der kubanischen Landwirtschaft. Den ersten, ursprünglich aus Afrika und Asien stammenden Kaffee ernteten die Bauern 1748. Als Ende des 18. Jhs. zehntausende Franzosen von Haiti nach Kuba kamen, erhielt der Kaffeeanbau einen enormen Schub. Auf der roten Erde im kühleren Bergland gediehen die Pflanzen hervorragend. Die Schwerpunkte des kubanischen Kaffeeanbaus liegen in der Sierra del Escambray, bei Pinar del Río in der Sierra de los Órganos sowie im Oriente in der Sierra Maestra und um das Bergmassiv Sagua Baracoa.

Auch wenn die ersten und meisten *cafetales* im Oriente gegründet worden sind – die besten Bohnen kommen von den Hängen der Sierra del Escambray bei Trinidad. Die gleichbleibende Temperatur von durchschnittlich 21 °C und der quarzhaltige Boden sorgen dafür, dass die Pflanzen hier besonders kräftig und gesund wachsen. Von den Quarzkristallen haben die Bohnen den Namen »Montagnes de Cristal«. Die besten Sorten gehen in den Export, für den Eigenbedarf wird billiger Kaffee importiert.

des Diktators Batista, indem er einen gepanzerten Militärzug (Tren Blindado) nördlich der Stadt zum Entgleisen brachte. Vier verrostete Waggons sind noch vor Ort zu sehen. Wichtigstes Monument ist aber das bronzene Denkmal des 1997 im riesigen Mausoleum darunter bestatteten »Che« auf der **Plaza de la Revolución.** Gleich daneben präsentiert das vorzügliche ***Museo de Che** das Leben des berühmtesten Guerillakämpfers der Welt (Di–Sa 9–21, So 9–18 Uhr, keine Kameras).

Treffpunkt der Einheimischen ist der zentrale Parque Vidal. Im 1885 errichteten **Teatro la Caridad** hat schon Caruso gesungen. Ganz in der Nähe lohnt das eklektische **Museo de Arte Decorativos** einen Besuch, und abends trifft sich die Szene im **Club Mejunje** (Marta Abreu 107).

Hotel

Los Caneyes
Avenida de los Eucaliptos y Circunvalación
Tel. (42) 20 4512
www.hotelloscaneyes.com
Moderne Bungalows im Rundhüttenstil, mit Pool und Restaurant. 2 km außerhalb. Viele Reisegruppen. ●●

*Remedios 8

30 km entfernt liegt Remedios, ein sehr hübsches kubanisches Kolonialstädtchen (18 000 Einw.). Sehr sehenswert ist die ab 1692 erbaute ***Parroquia de San Juan Batista** am charmanten Hauptplatz Plaza Martí mit prunkvollem Barockaltar aus vergoldetem Zedernholz und maurisch inspirierter Decke. Ein besonderes Erlebnis sind die an Heiligabend stattfindenden **Parrandas: Umzüge mit Festwagen, Rumbamusik und Feuerwerk.** Echt gut!

Che-Statue in Santa Clara

Hotel

Mascotte
Máximo Gómez No. 114
Tel. (42) 39 5144
www.hotelescubanacan.com
Kleines restauriertes Stadthotel mit kolonialer Architektur. ●●

8 Ausflug zum **Cayo Santa María 9

Remedios ist ein ideales Standquartier für Ausflüge auf die zur Provinz Villa Clara gehörenden

Cayos de la Herradura, die etwa 30 km westlich von Cayo Guillermo (› S. 104) liegen, von dort aber bisher nicht zu erreichen sind. Eine Verbindung ist in Planung.

Man fährt von Remedios zum 9 km entfernten Fischerhafen Caibarién. Einige Kilometer südlich führt ein 45 km langer Damm durch die Bahía Buena Vista auf die Inseln. Am Checkpoint werden pro Fahrtrichtung 2 CUC fällig. Kubanische Passagiere sind nicht gestattet.

Zum Urlaubsgebiet Cayo Santa María werden auch die Cayos Las Brujas und Ensenachos gerechnet, auf denen es ebenfalls Unterkünfte gibt. Vom Festland aus erreicht man zunächst **Cayo Las Brujas,** auf dessen internationalem Flughafen bald auch Charterflüge aus Deutschland landen sollen (Tel. (42) 35 0013). Bisher erfolgt der Transfer noch per Bus von Cayo Coco. Auf Las Brujas gibt es die einzige Individualunterkunft dieses aufstrebenden Feriendorados. Besonders schön ist die Playa Las Salinas.

Die Dammstraße überquert nun das kleine **Cayo Ensenachos,** auf dem sich Kubas luxuriösestes Strandhotel niedergelassen hat.

Endpunkt ist das eigentliche **Cayo Santa María.** Auf der größten Insel des Herradura-Archipels soll es einmal 10 000 Hotelzimmer geben. 2012 sind auf der Insel bereits zehn All-inclusive-Resorts in Betrieb, doch noch kann man auf einer Piste zur **Playa Perla Blanca** fahren, einem der schönsten Strände Kubas. Die Hotel-Claims sind allerdings schon abgesteckt. Ausflügler können die Tagespässe der Resorts nutzen.

Echt gut!

Einsame Strände zum Träumen

- **Cayo Levisa** an der Nordküste von Pinar del Río › S. 69
- **Punta del Este** im Südosten der Isla de la Juventud › S. 84
- **Playa Sirena** am Westzipfel von Cayo Largo › S. 86
- **Playa Perla Blanca** auf Cayo Santa María › S. 102
- **Playa Pilar** an der Westspitze von Cayo Guillermo › S. 104
- **Playa Los Pinos** auf Cayo Sabinal › S. 107
- **Playa Corinthia** im Osten der Provinz Holguín › S. 111
- **Cayo Saetia** im Osten der Provinz Holguín › S. 115
- **Playa Herradura** nördlich von Las Tunas › S. 116
- **Playa Nava** nordwestlich von Baracoa › S. 137

Hotels

Iberostar Ensenachos
Cayo Ensenachos
Tel. (42) 35 0300
www.iberostar.com
Die 566 Zimmer und Suiten des luxuriösen Ferienresorts sind edelst mit Marmor und Designermöbeln ausgestattet, sogar Butler-Service wird geboten. **Feine Gourmetküche.** Echt gut
●●●

Meliá Buenavista
Cayo Santa María
Tel. (42) 35 0500
www.meliacuba.com

2011 eröffnetes und bereits hochgerühmtes ruhiges Resort an gleich drei Traumstränden. ●●●

■ Meliá Cayo Santa María

Cayo Santa María][Tel. (42) 35 0200
www.meliacuba.com

Das edle Resort wurde 2003 eröffnet. Bungalows in schöner Gartenlandschaft, direkt an einem 400 m langen Strand. Italienisches Restaurant. ●●●

■ Villa Las Brujas

Farallón de las Brujas][Playa Las Salina][Cayo Las Brujas
Tel. (42) 35 0199
www.gaviota-grupo.com

25 rustikale Cabañas für Individualreisende an kleinem Privatstrand, mit Restaurant und Wassersportangebot. ●●

**Cayería del Norte 10

Bei den Archipelen von Camagüey und Sabana vor der Nordküste Kubas wurden über 400 Cayos gezählt. Das ganze Gebiet steht unter Natur- und Vogelschutz. In einigen Zonen jedoch beginnt das fast unberührte Paradies sich immer mehr touristisch zu entwickeln.

**Cayo Coco

Cayo Coco (364 km²), das vom Festland aus über eine Dammstraße zugänglich ist, wurde nach dem hier heimischen rosa Ibis *(coco)* benannt. Im Winter fliegen sonnenhungrige Urlauber direkt aus Frankfurt, Montreal und Buenos Aires ein. 2012 stehen bereits über 3500 Hotelzimmer zur Auswahl, geplant ist die dreifache Menge. Insgesamt 21 km blendend weiße Strände gibt es hier. Unerschrockene Individualisten können in schlichten Campinghütten (Tel. (33) 30 1105) übernachten und Tagespässe für die Resorts erwerben. Die im Inneren der Insel gelegene Ausflugsranch

Karibik pur erleben beim Badeurlaub an der Cayería del Norte

Sitio La Güira offeriert Ausritte. Der Kontakt zu Einheimischen beschränkt sich auf das Personal, mit dem man abends in der Disco des Wohnheims der Hotelangestellten, Villa Azul, tanzen kann.

**Cayo Guillermo

Etwas ruhiger als auf Cayo Coco geht es auf dem wesentlich kleineren benachbarten Cayo Guillermo (13 km^2) zu. Doch auch hier müssen sich Flamingos und Pelikane mit ungebremster Bauwut abfinden. Der **beste öffentliche Strand, die Playa Pilar** an der Westspitze des Cayo Guillermo, ist noch weitgehend unberührt.

Echt gut

Buch-Tipp **Ernest Hemingway, Inseln im Strom,** Rowohlt. Hemingway schildert anhand seines Alter Ego Thomas Hudson den Zweiten Weltkrieg in der Karibik.

Hotels

■ **Meliá Cayo Coco**
Tel. (33) 30 1180
www.meliacayococo.solmelia.com

Luxuriöse All-inclusive-Anlage mit 250 Zimmern an feinem Sandstrand. Bietet umfangreiches Freizeitprogramm. Nur für Gäste ab 18 Jahren. ●●●

■ **Sol Cayo Coco**

Playa Colorada][Tel. (33) 30 1280
www.solcayococo.solmelia.com
4-Sterne-Hotel am weiten Colorada-Strand. Tennis, Tauchschule, afrokubanische Hochzeitsrituale für Paare in den Flitterwochen. ●●●

■ **Iberostar Daiquirí**

Cayo Guillermo][Tel. (33) 30 1650
www.iberostar.com

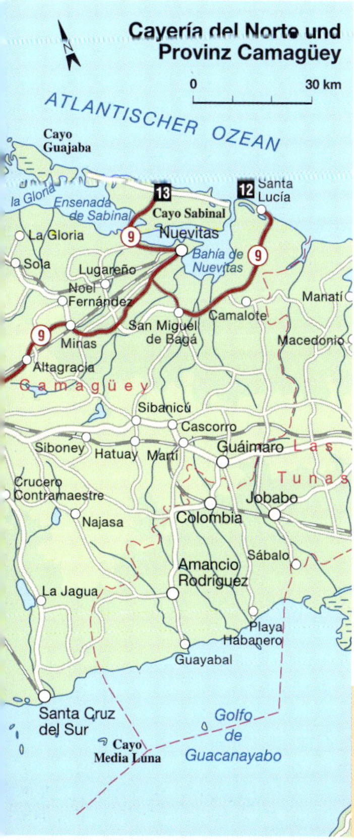

5-Sterne-Anlage; imposante, moderne Architektur im typischen Hacienda-Design. ●●●

■ **Sol Cayo Guillermo**

Tel. (33) 30 1760
www.solcayoguillermo.solmelia.com
All-inclusive-Anlage im Bungalowstil; riesiger Pool. ●●●

■ **Meliá Cayo Guillermo**

Tel. (33) 30 1680
www.meliacayoguillermo.solmelia.com
Luxuriöse Anlage in Nachbarschaft des Sol Cayo Guillermo. ●●●

■ **Sitio La Güira**

Tel. (33) 30 1208
Preiswerte klimatisierte Hütten mit Bad auf einer Farm 8 km westlich der Servi-Cupet Tankstelle, mit Restaurant und Bar. ●

Restaurant

Cueva de Jabalí

Cayo Coco
Tel. (33) 39 1206
Die »Wildschweinhöhle« ist neben La Güira die einzige Möglichkeit, außerhalb der Resorts zu speisen. Es gibt Spanferkel. Abendliches Cabaret. ●●

***Camagüey 11

Das Gassenlabyrinth von Camagüey (324 000 Einw.) wurde einst angelegt, um Piraten zu verwirren. Heute ist Camagüey eine der

9

Highlights der Provinz Camagüey
Cayo Coco › Morón › Ciego de Ávila › Camagüey › Cayo Sabinal › Playa Santa Lucía

Geschäft in Camagüey

charmantesten Städte Kubas: mit Kopfsteinpflaster, zierlichen Balustraden, Rokoko-Balkonen, gedrechselten Fenstergittern, Buntglasfenstern, kolonialen Plätzen und Parkanlagen. Seit 2008 ist die Altstadt Teil des UNESCO-Weltkulturerbes.

Rund um die stille ****Plaza San Juan de Dios** mit der 1728 errichteten gleichnamigen Kirche findet man die schönsten, perfekt restaurierten pastellfarbenen Häuser-Ensembles. Über die Calle Cisneros gelangt man zum ***Parque Ignacio Agramonte,** dem zentralen Platz der Stadt mit Reiterstatue und Marmorbänken. An der Südseite erhebt sich die im 19. Jh. wieder errichtete **Catedral de la Candelaria**, gegenüber tönt Musik aus der **Casa de la Trova.**

Auf dem Weg nach Norden lohnt ein Abstecher nach links in die Calle Hermanos Aguero 58, wo die **Casa Natal Nicolás Guillén** an den schwarzen Dichter erinnert, der 1902 in Camagüey geboren wurde. In seinen Werken verband er spanische und afrikanische literarische Traditionen.

Camagüeys schönste Kirche liegt an der Plaza de los Trabajadores: die restaurierte **Iglesia Nuestra Señora de la Merced.** Die **Casa Natal de Ignacio Agramonte** schräg gegenüber widmet sich dem kubanischen Freiheitshelden.

Camagüey ist für seine *tinajones* genannten, riesigen Tonkrüge bekannt, die fast jeden Innenhof zieren und früher das Regenwasser kühlten. Wem daraus ein Schluck angeboten wird, der verliebt sich unsterblich und verlässt die Stadt nie mehr – so will es die Legende. Ende Juni feiert Camagüey sechs Tage lang Karneval.

Hotels

Gran Hotel

Maceo No. 67 e/ Ignacio Agramonte y General Gómez
Tel. (32) 29 2093
www.islazul.cu
Viel Atmosphäre und mitten im historischen Stadtzentrum. Schöner Blick von der Dachterrasse; stimmungsvolle Piano-Bar. ●

Colón

República 472 e/ San José y San Martín
Tel. (32) 28 1185
www.islazul.cu
Prachtvoll restauriertes Stadthotel von 1927, mit viel Marmor, Tropen-

Echt gut

Karte Seite 104

holz, Azulejos und typisch kubanischen Buntglasfenstern. Sehr gutes Restaurant Santa María. ●

Restaurants

■ Campana de Toledo

Plaza San Juan de Dios

Tel. (32) 28 6812

Serviert Rindfleischspezialitäten in einem Kolonialhaus des 18. Jhs. **Rustikale Möbel, spanisches Terrakotta-Dekor und ein schattiger Innenhof** machen seinen Charme aus. Im Parador de los Reyes nebenan treten abends Musikgruppen auf. ●

cht gut!

■ El Ovejito

Hermanos Agüero c/ Honda y Carmen (600 m westl. vom Zentrum)

Tel. (32) 29 5224

In atemberaubender Lage an der Plaza del Carmen; Spezialität des Hauses: Lammgerichte. ●

Nightlife

■ Casa de la Trova

Parque Ignacio Agramonte

Traditionelle Son- und Salsa-Musik sowie Folklore-Tanzvorführungen in einem schönen Kolonialgebäude. Tgl. ab 21 Uhr.

■ Patio Colonial Disco

Agramonte y Republica

Angesagter Tanzschuppen mit Show. Tgl. ab 22 Uhr.

*Playa Santa Lucía 12

Der beste Strand der Provinz liegt 112 km nördlich von Camagüey und bietet 21 km weißen Puderzuckersand mit glasklarem türkisfarbenem Meer. Die Pauschalarrangements der Resorts sind recht günstig, außerhalb der Hotels gibt es aber kaum Infrastruktur.

Das **Centro de Buceo Sharks' Friends** arrangiert **Tauchausflüge zum nahen Riff mit Haifütterung** (30 CUC; Tel. (32) 36 5182).

Echt gut!

Die **Playa Las Cocos** 6 km östlich ist ein beliebtes Ausflugsziel mit zwei Restaurants.

Hotel

Brisas Santa Lucía

Tel. (32) 33 6317

www.hotelescubanacan.com

Riesige All-inclusive-Anlage in andalusisch-maurischem Setting. ●●●

Restaurant

Im Strandrestaurant **Bocana** schmecken die Fischgerichte dank des Traumblicks auf Meer und Palmen besonders gut. ●●

*Cayo Sabinal 13

Das einsame, nur von einigen Fischern und Köhlern bewohnte große Eiland besitzt 33 km pulverfeine Sandstrände, die von Korallenriffen geschützt werden. Besonders schön ist die ***Playa Los Pinos.** Nur gelegentlich wird die völlige Einsamkeit für eine Weile von einer kleinen Ausflugsgruppe aus Santa Lucía gestört.

Echt gut!

An der Playa Los Pinos bietet ein Ranchón Fischgerichte. Die Unterkünfte hat allerdings ein Wirbelsturm weggeblasen. Anfahrt von Nuevitas über eine Dammstraße (Maut 5 CUC).

Karnevalsvorbereitung in Santiago

Der Oriente

Nicht verpassen!

- Auf dem Cayo Naranjo bei Guardalavaca mit Delfinen schwimmen
- Im kolonialen Hafenstädtchen Gibara in einem Schaukelstuhl die Zeit verbummeln
- An den Traumstränden von Las Tunas mit den Einheimischen feiern
- Die atemberaubende Küstenstraße zwischen Santiago und Marea del Portillo entlangfahren
- Am Samstagabend in Santiagos Calle Heredia Rumba tanzen
- In Baracoa leckeres Kokoskonfekt probieren

Zur Orientierung

An der Nordküste zwischen der Touristenhochburg Guardalavaca und dem Städtchen Puerto Padre in der Provinz Las Tunas liegen einsame Traumstrände, die von Holguín leicht zu erreichen sind, wie auch das nahe Kolonialstädtchen Gibara, in dessen Bucht Christoph Kolumbus erstmals kubanischen Boden betrat.

Auch die von den Hängen der herben Sierra Maestra gesäumte Südküste ist faszinierend: grüne Berge, türkisblaues Meer und dazwischen hohe Königspalmen. Außerhalb der Dörfer begegnet man selten Menschen. Das beste Transportmittel in dem unwegsamen Gelände ist der Maulesel.

Die Bewohner des Oriente gelten als rebellisch und die Einwohner von Bayamo als besonders nationalstolz. In Santiago betritt man revolutionäres Pflaster. Ob es gegen Kolonialherrschaft, Sklaverei, Diktatur oder Einflussnahme der USA ging – die Santiagueros marschierten immer voran. Stolz nennt sich die Stadt »Wiege der Revolution« oder »heroische Stadt«. Außerdem feiert man hier Ende Juli den größten und heißesten Karneval Kubas. Und das verschlafene Manzanillo ist die Heimatstadt des kubanischen »Son«.

Tropische Regenwälder prägen die Ostspitze Kubas – ein Dorado für Naturfreunde. In Baracoa, einem verschlafenen Städtchen mit schönen Stränden, lässt es sich herrlich relaxen. Große Hotels gibt es hier noch nicht, und der Kontakt mit Einheimischen gelingt mühelos.

Touren in der Region

Wo Kolumbus landete

(10) Guardalavaca › Bahia de Bariay › Gibara › Holguín › Guardalavaca

Dauer: 2 Tage
Praktische Hinweise: Die Hotels von Guardalavaca bieten überteuerte Ausflüge zur Touristenfalle Parque Monumento Nacional Bariay mit kitschigem »Taíno-Dorf« und Kolumbusdenkmal. Lohnender ist jedoch die Exkursion mit einem Mietwagen.

Fahren Sie von ****Guardalavaca** › S. 114 bis Rafael Freyre und biegen Sie dort rechts zur schönen ***Playa Blanca** › S. 114 an der Ostseite der »Kolumbusbucht« Bahia de Bariay ab. Westlich von Rafael Freyre verschlechtert sich die Straße erheblich, führt aber durch eine sehr schöne Karstkegellandschaft mit Königspalmen in das koloniale Hafenstädtchen ***Gibara** › S. 116, in dem man herrlich die Zeit vertrödeln kann. Mehrere gute Privatpensionen laden zur Übernachtung ein. Allerdings wurden im September 2008 viele Häuser von Hurrikan Ike zerstört. Die Rückfahrt nach Guardalavaca führt über **Holguín** › S. 115, wo es viele Casas, aber außer einigen netten Plazas keine echten Sehenswürdigkeiten gibt.

Rund um die Sierra Maestra

(11) Santiago de Cuba › Marea del Portillo › Parque Nacional Desembarco del Granma › Manzanillo › Bayamo › El Cobre › Santiago de Cuba

Dauer: 3–4 Tage
Praktische Hinweise: Wer stundenlange Fahrten auf der Ladefläche eines Pick-ups nicht scheut, erlebt entlang der Küstenstraße kubanischen Alltag pur und kommt auf der Rückfahrt von Manzanillo nach Santiago in den Genuss relativ komfortabler Astro-Busse. Selbstfahrer starten von Santiago frühmorgens, um die Sonne im Rücken zu haben. Gegen Mittag hüllt sich die Sierra Maestra nämlich gern in Dunst und Wolken.

Auf der langen einsamen Küstenstraße von ***Santiago** › S. 121 nach Marea del Portillo begleiten tiefblaues Meer und immer wieder spektakuläre Aussichten den Autofahrer. Im Frühjahr überqueren unzählige große Landkrebse die Straße. Touristische Infrastruktur mit Wassersport bieten nur die kleinen Hotels bei Chivirico und **Marea del Portillo** › S. 119. Zum Übernachten ist es noch zu früh, aber essen kann man hier in einem der Restaurants des Resorts. Westlich von Pilón fährt man bis zur Abzweigung links zum ***Parque Nacional Desembarco del Granma** › S. 120 (Checkpoint!), wo Fidel und Che mit ihrem Rebellentrupp an Land gingen. Über Niquero geht es dann in nordöstliche Richtung nach **Media Luna** zum Museo Celia Sánchez › S. 121 und weiter zu Kubas »Freiheitsplantage« **La Demajagua** › S. 120, die einst Manuel de Céspedes gehörte, nach **Manzanillo** › S. 118. Die hiesigen Privatquartiere bieten sich für die erste Übernachtung an. Mit etwas Glück spielen in der Casa de la Trova gute *soneros*.

Von Manzanillo führt ein Abstecher auf holpriger Straße über Yara nach **Alto de Naranjo** › S. 119, von wo aus man Wanderungen durch die Sierra Maestra unternehmen kann. Wer von hier den ***Pico Turquino** › S. 119 besteigen möchte, sollte eine zusätzliche Übernachtung in der nahen Villa Santo Domingo einkalkulieren. Die Wanderung von Alto de Naranjo zur ***Comandancia de la Plata** › S. 120, dem Hauptquartier Fidels, ist jedoch in einigen Stunden zu schaffen, sodass man noch am gleichen Tag über Yara in Richtung Osten, an Sumpfland und Reisfeldern vorbei, nach ***Bayamo** › S. 117 fahren kann. Hier übernachtet man in einem hübschen Kolonialhotel an der zentralen Plaza, genießt die beschauliche Atmosphäre, lernt einiges über Kubas Freiheitskampf und fährt am Nachmittag weiter zur Wallfahrtsstätte ****El Cobre** › S. 132. Von hier sind es noch 25 km bis Santiago.

Regenwaldtour rund um Kubas Ostspitze

(12) Santiago › Guantánamo › Baracoa › Parque Nacional de Humboldt › Cayo Saetía › Sitio Histórico Birán › Santiago

Dauer: 4–6 Tage

Praktische Hinweise: Zwischen Santiago, Guantánamo und Baracoa verkehren komfortable Viazul-Kleinbusse und Astro-Busse. Für die sehr schlechte, aber spektakuläre Küstenstraße zwischen Baracoa und Moa, auf der sonst nur klapprige Pick-ups fahren, wird Allradantrieb empfohlen. Von Moa kommt man mit Astro-Bussen über Mayari zurück nach Santiago. Nach Cayo Saetía werden organisierte Ausflüge angeboten.

! Zwischen Baracoa und Mayari hat Hurrikan Ike im September 2008 besonders schwere Schäden hinterlassen. Allein in Baracoa wurden bis zu tausend Häuser durch Sturmböen und riesige Flutwellen schwer beschädigt oder ganz zerstört.

Von *****Santiago** › S. 121 geht es auf gut ausgebauter Hauptstraße durch trockene Landschaft in östlicher Richtung in anderthalb Stunden in die wenig reizvolle Provinzhauptstadt **Guantánamo** (82 km) › S. 134 und in der Regel gleich weiter auf die großartige Küstenstraße im Osten. Sie ist ein landschaftlicher Genuss: Zur Rechten glitzert die Karibik in der Sonne, zur Linken steigen steil die Kalksteinfelsen auf. Dann fahren Sie auf Kubas schönster Passstraße, ****La Farola**, über die Berge nach ***Baracoa** › S. 135. Von den Aussichtspunkten schweift der Blick über dichten Regenwald hinunter bis zum tiefblauen Meer.

Baracoa lohnt mit seinen vielen Privatunterkünften einen längeren Aufenthalt. Mindestens zwei Übernachtungen sollten Sie einplanen, gerne mehr. Den zweiten Tag können Sie mit einem Ausflug zur wildromantischen ***Playa Maguana** › S. 137 im Norden (auch per Taxi möglich) genießen, den dritten mit einem organisierten Ausflug in den ****Parque Nacional de Humboldt** › S. 137. Am vierten Tag fahren Sie auf der dramatisch schönen Küstenstraße immer zwischen Regenwald und Meer von Baracoa nach Moa. Bis zum Besucherzentrum des Nationalparks ist die Strecke passabel, danach bis Moa eine Holperpiste. Kurz vor Pueblo Nuevo lohnt sich der Abstecher nach Norden zur traumhaft einsamen ***Playa Corinthia.** Zurück auf der Straße nach Mayari führt nach etwa 20 km eine weitere Abzweigung (Checkpoint!) zum ***Cayo Saetía** › S. 115, wo wieder Traumstrände und ein idyllisches Hotel warten. Am fünften Tag geht es über Mayari und Cueto in Richtung Santiago bis zu einer Abzweigung, die zum ***Sitio Histórico Birán** › S. 117 führt. Auf dem großen Anwesen mit dem Geburtshaus von Fidel Castro, das in ein Museum umgewandelt wurde, erfährt man sehr viel über die Jugend des Revolutionärs. Wieder auf der Hauptstraße kehrt man über Alto Cedro auf direktem Weg zurück nach Santiago.

Verkehrsmittel

Die Provinzhauptstadt Holguín ist die internationale Drehscheibe des Oriente, denn auf ihrem Ver-

(10) **Wo Kolumbus landete** **Guardalavaca › Bahia de Bariay › Gibara › Holguín › Guardalavaca**

(11) **Rund um die Sierra Maestra** **Santiago de Cuba › Marea del Portillo › Parque Nacional Desembarco del Granma › Manzanillo › Bayamo › El Cobre › Santiago de Cuba**

Karte Seite 112

kehrsflughafen Frank País (Tel. (24) 42 2100) landen viele Charterflüge aus Europa sowie Inlandsflüge aus Havanna. Viazul-Busse verbinden Holguín mit Bayamo und Santiago de Cuba. Auch zwischen Holguín und Guardalavaca bestehen Busverbindungen. Für den Viazul-Kleinbus von Santiago nach Baracoa wird eine rechtzeitige Reservierung empfohlen.

Vom Flughafen Antonio Maceo in Santiago de Cuba (Tel. (22) 69 1014) bestehen tägliche Verbindungen nach Havanna.

Die Nebenstraßen im Oriente sind Holperstrecken: Für 100 km sollte man ungefähr drei Stunden Fahrzeit einkalkulieren.

12 **Regenwaldtour rund um Kubas Ostspitze** Santiago de Cuba › Guantánamo › Baracoa › Parque Nacional de Humboldt › Cayo Saetía › Sitio Histórico Birán › Santiago de Cuba

Unterwegs im Oriente

5 **Guardalavaca 1

Über dem türkisfarbenen Meer und dem weißen, von hohen Felsen eingerahmten Puderzuckerstrand spannt sich ein azurblauer Himmel. Vor den Stränden ***Don Lino** und ***Playa Blanca** im Westen von Guardalavaca wartet ein **300 m langes Korallenriff, ein Paradies für Taucher.** (Echt gut!) Sehr beliebt ist auch der ***Bioparque Rocazul** an der Bahia Naranjo (Infozentrum an der Playa Yuraguanal), in dem man viele Schmetterlinge und bunte Tropenvögel sehen kann. Auf dem **Cayo Naranjo** in der Bucht gibt es **Kubas beste Show mit Delfinen und Seelöwen** (Echt gut!) zu sehen (tgl. mittags, 42 CUC für Erwachsene, 21 CUC für Kinder. 100 bzw. 50 CUC kostet der Eintritt, wenn man 20 Minuten mit den Delfinen schwimmen möchte: ein einmaliges Erlebnis!).

Noch weiter westlich, in der **Bahia de Bariay,** ging Kolumbus am 28. Oktober 1492 an Land.

Hotels

■ **Meliá Paradisus Rio de Oro**
Playa Esmeralda][Estero Ciego
Tel. (24) 43 0090
www.www.meliacuba.com
Luxusanlage mit 300 Suiten; großes Sportangebot u.a. mit Tauchbasis und Segelschule; Nachtclub. ●●●

■ **Playa Pesquero**
Playa Pesquero
Tel. (24) 43 3520
www.gaviota-grupo.com
Größter Hotelkomplex Kubas (über 900 Zi.), aber mit Sinn für nachhaltigen Tourismus. ●●●

■ **Sirenis Playa Turquesa**
Playa Yuraguanal
Tel. (24) 43 0540
www.sirenishotels.com
Kinderfreundliches Resort mit großem Wellnessprogramm. 2012 soll das Management wechseln. ●●●

Restaurants

■ **El Ancla**
Playa Guardalavaca
Tel. (24) 43 0381
Spezialität Meeresfrüchte. Sehr schöne Lage am Meer. ●●

■ **El Cayuelo**
Playa Guardalavaca
Tel. (24) 43 0736
Am Strand. Gutes Seafood, relativ günstig. ●●

Ausflüge von Guardalavaca

*Chorro de Maita und Banes

Ein Tagesausflug, der in den Hotels auch pauschal gebucht werden kann, führt von Guardalavaca zum 5 km südlich gelegenen größten Taíno-Friedhof Kubas in **Chorro de Maita.** Einige der Gräber aus der Zeit von 1490 bis

In Chorro de Maita fanden viele Indianer ihre letzte Ruhestätte

1540 können besichtigt werden. Ein nachgebautes Indianerdorf mit palmgedeckten Rundhütten gewährt Einblicke in den einstigen Alltag der Indianer (tgl. 8.30 bis 17 Uhr).

Von hier fährt man weitere 20 km nach Banes. Das dortige ***Museo Bani-Indocubano** ist mit seiner Ausstellung von Schmuck, Arbeits- und Kultgegenständen ein Hort der Taíno-Kultur (C. Gen. Marrero 305; Di–Fr 9–17, Sa, So 8–12, 19–21 Uhr).

Wer mit eigenem Wagen unterwegs ist, fährt auf Holpersträßchen von Banes, wo es Privatunterkünfte gibt, zu den einige Kilometer westlich gelegenen einsamen Stränden **Playa de Morales** und **Playa Puerto Rico.**

*Cayo Saetía 2

Was Fidel Castro hier einst für seine Staatsgäste zur Jagd aussetzen ließ, lebt heute noch auf der Insel: Zebras, Büffel und Antilopen. Das Cayo besitzt auch **wunderschöne, von Felsen eingerahmte Badebuchten.** Echt gut!

Ausflüge werden von Guardalavaca aus von Havanatur per Helikopter und Jeep organisiert (20 bzw. 90 Min.; Eintrittsgebühr für die Insel: 10 CUC p.P.).

Hotel

Cayo Saetía
Tel. (24) 96 9001
www.gaviota-grupo.com
Bungalowanlage mit klimatisierten Zimmern, sehr unterschiedliche Standards. ●●

Holguín 3

Das öffentliche Leben in der besonders revolutionstreuen Stadt (ca. 340 000 Einw.) spielt sich im **Parque Calixto García** und auf der schön restaurierten **Plaza de la Marqueta** ab. Im naturkundlichen **Museo de Historia Natural Carlos de la Torre** kann man u.a. eine Sammlung von über 4000 bunten Schneckenhäusern besichtigen (Calle Maceo 129, südl. vom Parque García; 2012 evtl. wegen Renovierung geschl.).

Auf der monumentalen **Plaza de la Revolución** mit einem riesigen Denkmal für Kubas Unabhängigkeitskämpfer hat Castro viele seiner berüchtigten langen Reden gehalten (östl. vom Zentrum, erreichbar über Avenida de los Libertadores).

Hotels

El Mirador de Mayabé
Alturas de Mayabé, km 8
Tel. (24) 42 2160
www.islazul.cu
10 km von Holguín; saubere Zimmer mit Klimaanlage und Bad in renovierten Bungalows. Pool. Kreolische Küche, toller Ausblick über das Mayabé-Tal. ●●

Pernik
Avenida Jorge Dimitrov
Tel. (24) 48 1011
www.islazul.cu
Der bunkerartige renovierte Bau ist heute das komfortabelste Hotel der Stadt. ●●

Restaurant

Salón 1720
Frexes e/ Manduley y Miró
Das eleganteste Lokal der Stadt. Seafood und Paella. ●●

Nightlife

Disco Cristal
Martí esq. a Libertad
Für Einheimische mit harten Pesos.

Ausflug nach *Gibara 4

Das verschlafene koloniale Hafenstädtchen (28 000 Einw.), in dessen östlich benachbarter Bucht Kolumbus 1492 vor Anker ging, ist allein seiner Atmosphäre wegen einen Abstecher von Holguín (33 km) wert. Von der Festung El Cuartelón auf dem Hügel Los Caneyes genießt man einen schönen Blick über die Stadt. Nicht weit vom Ort liegen die vom Tourismus noch unbeleckten Postkartenstrände **Playa Los Bajos** und **Playa Caletones.** Wem es in Gibara gut gefällt, der kann hier in einigen reizenden Privatunterkünften › S. 22 schlafen.

Die *Strände von Las Tunas

Die schönen Atlantikstrände der Provinz Las Tunas sind fast alle noch touristisch unerschlossen. Lediglich an der **Playa Covarrubias 5**, 76 km nördlich der Provinzhauptstadt Las Tunas, gibt es ein All-inclusive-Resort für Taucher (Brisas Covarrubias, Tel. (31) 51 5530; ●●).

An den goldgelben Stränden der **Bucht von Puerto Padre 6**, Playa Herradura, Playa Llanita und Playa Las Bocas, die man über Holguín erreicht, kann man dagegen preiswert in Privatunterkünften › S. 22 übernachten und **echtes kubanisches Strandleben genießen.** Echt gut

An der Playa Herradura

*Sitio Histórico Birán 7

Die 66 km südöstlich von Holguín gelegene Finca Manacas der Familie Castro wurde in ein Museum umgewandelt (Di–So 9–12, 13.30–16 Uhr). Ein Soldat führt Besucher auch in das originalgetreu rekonstruierte erste Wohnhaus der Familie, in dem Fidel am 13. August 1926 zur Welt kam und die ersten 14 Jahre seines Lebens verbrachte. Private Fotos geben Einblicke in die Geschichte der sehr wohlhabenden Familie.

*Bayamo 8

In der Hauptstadt der Provinz Granma (224 000 Einw.) fahren überall *Duque*- und *Milord*-Pferdekutschen. Sie geben dem Ort einen fast betulichen Charakter. Tatsächlich jedoch herrscht hier Revolutionsgeist. 1513 wurde die Stadt von Diego Velázquez gegründet. Die erste Rebellion entfachten um 1530 die Indianer. Wenig später begehrten schwarze Sklaven in den Goldminen auf. Die rigide Wirtschaftspolitik der spanischen Krone bremsten die Bayameses durch regen Schmuggel aus. Kein Wunder, dass Céspedes' Freiheitsgedanken in diesem Ort auf fruchtbaren Boden fielen und Martís Kampf gegen die spanischen Kolonialherren hier stattfand.

Sehenswert ist die **Casa Museo de Manuel de Céspedes,** das Geburtshaus des fortschrittlichen Vaters aller Kubaner › S. 119. Die kleine Villa im Kolonialstil zeigt Mobiliar und Dokumente aus dem späten 19. Jh. (Maceo 57; Di–Fr 9–17, Sa 9–14, 20–22, So 10–13 Uhr).

Ein Haus weiter geben in dem neoklassizistischen **Museo Pro-**

vincial archäologische Fundstücke ein Bild der Stadtgeschichte (Maceo 58). In dem Haus wurde Manuel Muñoz Cedeño geboren, der Komponist der kubanischen Nationalhymne, die den Titel *La Bayamesa* trägt.

Die hübsche ***Iglesia San Salvador** in der Nähe des Céspedes-Platzes ist eines der ältesten Gotteshäuser in Kuba. Als die Kolonialtruppen im ersten Unabhängigkeitskrieg 1869 Bayamo stürmten, legten die Bewohner Feuer und zerstörten alles Wertvolle. Unter dem Wenigen, was von der Stadt übrig blieb, war auch die kleine »Kapelle der leidenden Maria« auf der linken Seite des Altars.

Hotel

Hotel Royalton
Parque Céspedes
C. Maceo 53
Tel. (23) 42 2290
www.islazul.cu
Echt gut! **Hübsch renoviertes Stadthotel** mit klimatisierten Zimmern; belebte Terrasse, gutes Restaurant. ●●

Restaurant

La Bodega
Plaza del Himno Nacional 34
Tel. (23) 42 7911
Bukolisches Ambiente. Gute Rindersteaks, ab 21 Uhr Nachtclub mit Livemusik. ●●

Manzanillo 9

Die rund 100 000 Einwohner der Hafenstadt am Golf von Cuacanayabo leben nach einem ganz bestimmten Musikrhythmus, dem hier erfundenen kubanischen *son*, den man in der **gänzlich untouristischen Casa de la Trova** (Merchan 213) hören kann. Besucher werden vor allem von der maurisch geprägten Architektur im Stadtkern angezogen. Echt gut!

Hotel

Guacanayabo
Avenida Camilo Cienfuegos
Tel. (23) 57 4012
www.islazul.com
Das einzige Hotel der Stadt, schlichte Zimmer, Pool, sehr mittelmäßiges Restaurant und Nightclub. ●

Restaurant

Las Américas
C. Maceo esq. Martí, Parque Céspedes
Tel. (23) 57 3943
Sehr nettes Restaurant mit traditioneller kreolischer Küche. ●

10 Die **Sierra Maestra 10

Die höchste Gebirgskette Kubas erstreckt sich vom Cabo Cruz im Westen über etwa 240 km nach Osten. Die Nordhänge sind siedlungsfreundlich und auch für den Kaffeeanbau geeignet. An der praktisch unbewohnten Südseite, die von einer **spektakulären Küstenstraße zwischen Pilón und Santiago** erschlossen wird, wechseln sich steile, unzugängliche Gebirgszüge und stille Buchten ab. Agaven blühen, der Duft des Eukalyptus würzt die Luft, stache- Echt gut!

lige Kakteen säumen den Wegesrand.

An der **Playa Sevilla** bei Chivirico hat man die Gelegenheit zu einem Bad im Meer, und im Resort **Marea del Portillo** kommen Wassersportler auf ihre Kosten.

Der höchste Berg der Sierra Maestra ist zugleich der höchste Kubas: der ***Pico Turquino** (1972 m). Zwischen Vulkangestein und Felsen gedeihen in den höheren Lagen verschiedene Farnarten, weiter unten Mahagonibäume und Zedern. Die Gipfelbesteigung (Erlaubnis 35 CUC pro Person, plus obligatorischer Führer 10 CUC, Übernachtung in *campamentos*) kann man entweder von der Südküste bei Las Cuevas oder vom **Aussichtspunkt Alto de Naranjo** (Anfahrt über Manzanillo oder Bayamo, spartanische Unterkunft in der Villa Santo Domingo, Tel. (23) 56 5635) in Angriff nehmen.

Kubas Rebellen

Fidel Castro Ruz wurde am 13. August 1926 in Birán im nördlichen Oriente geboren. Sein Vater, vom spanischen Fußsoldaten zum wohlhabenden Plantagenbesitzer aufgestiegen, schickte den Sohn in ein Jesuitenkolleg. Als Jurastudent und Anwalt organisierte er den Widerstand gegen Batista mit. Trotz aller Kritik am *máximo líder,* der von 1959 bis 2008 Staatschef war, rechnen die Kubaner ihm sein Eintreten für soziale Gerechtigkeit hoch an. Heute meldet sich der wieder etwas gesündere Compañero Fidel in der Parteizeitung Granma fast täglich mit aktuellen Kommentaren zu Wort.

Ernesto Che Guevara kämpfte an der Seite Fidels in der Sierra Maestra. Der 1928 geborene Argentinier war eigentlich Arzt; in Kuba wurde er Industrieminister und Bankchef. Er war der Chefideologe, dessen Traum die Schaffung des »neuen Menschen« war, der materiellen Interessen entsagte, selbstlos, solidarisch und revolutionär war. Seine Popularität und die wirtschaftspolitischen Fehlgriffe des Amateurökonomen schürten die Misstöne zwischen den führenden Köpfen. 1965 verließ Che Kuba. Im Guerillakampf in Bolivien wurde er 1967 erschossen.

José Martí ist Kubas größter Nationalheld. Schon als 15-Jähriger agitierte der 1853 in Havanna geborene Idealist in Gedichten und anderen Schriften gegen die Kolonialregierung. Der wegen seiner politischen Einstellung aus Kuba ausgewiesene Essayist und Lyriker schrieb sich im Exil zum Apostel des freien Amerika. Den Unabhängigkeitskrieg von 1895 bereitete Martí geistig und politisch vor; er fiel 1895 in den ersten Kampftagen bei Bayamo.

Carlos Manuel de Céspedes, 1819 in Bayamo geboren, wurde zum Verfechter von Freiheit und Gleichheit. Am 10. Oktober 1868 setzte der Anwalt auf seiner Plantage La Demajagua bei Manzanillo mit der Freilassung seiner Sklaven ein Signal: Der erste Unabhängigkeitskrieg gegen Spanien brach los. Céspedes kämpfte bis zu seinem Tod 1874 an der Spitze der Rebellen.

Das Gelände war ideal für den Guerillakampf geeignet, den Fidel Castro und Che Guevara hier begannen. In der Sierra Maestra fand das berühmte erste Interview mit Castro statt, nachdem er 1956 nach der missglückten Granma-Landung an der Playa de las Coloradas von Batista kurzerhand für tot erklärt worden war. Monate später lud Castro den Journalisten H. L. Matthews von der New York Times ein, um der Welt zu beweisen, dass er quicklebendig war.

Zu Fidels Rebellenhauptquartier, der ***Comandancia de la Plata** auf 1200 m Höhe (vor Ort Fotografierverbot!) führt ein 3 km langer Wanderweg von Alto de Naranjo. Neben dem Kommandoposten und dem Feldlazarett ist auch die Sendestation des von Che gegründeten Radio Rebelde erhalten.

Hotels

Brisas Sierra Mar
Chivirico
Tel. (22) 32 9110
sierrmar@smar.scu.cyt.cu
Mittelklassehotel mit bestem Komfort und traumhaft zwischen Bergen und Karibischem Meer gelegen. ●●

Echt gut!

Farallón del Caribe
Ctra. de Pilón, km 12
Marea del Portillo
Tel. (23) 59 7081
comercial@hfarcar.cyt.cu
An der Bucht des gleichnamigen Fischerortes gelegen; mit schwarzem Sandstrand. Modernes Hotel mit 140 nett eingerichteten Zimmern. Organisiert auch Ausritte, Ausflüge in die Berge, Tauchen usw. ●●●

***Parque Nacional Desembarco del Granma 11

Für Touristen mit »Che« im Herzen bietet sich ein Ausflug von Manzanillo zur Landestelle der Granma an, dem Boot, mit dem Fidel Castros Rebellen 1956 von Mexiko nach Kuba übersetzten. Seekrank torkelten sie hier an Land und wurden im sumpfigen Gelände von den frühzeitig alarmierten Truppen Batistas dezimiert. Nur einer Handvoll gelang die Flucht in die schützende Sierra Maestra. Vor Ort wurde eine **Replik des Boots** aufgestellt (Original im Museo de la Revolución in Havanna › S. 50). Wer gierige Mückenschwärme nicht scheut, findet im Nationalpark fast unberührte Mangroven- und Waldlandschaften. In den Küstenlagunen tummeln sich sogar seltene Seekühe. Seit 1999 gehört die Terrassenlandschaft rund um das **Cabo Cruz** zum UNESCO-Weltnaturerbe (Eintritt 3 CUC).

Auf dem Weg zum Nationalpark legt man gleich südlich von Manzanillo einen Stopp im **Museo Histórico La Demajagua** ein (Mo–Sa 8–12, 13–17, So 8–13 Uhr). Es liegt auf der Plantage, auf der Freiheitsheld Carlos Manuel de Céspedes 1868 zur Rebellion gegen Spanien aufrief. Die Freiheitsglocke, 1947 vom jungen Fidel nach Havanna entführt, blieb erhalten.

Einige Kilometer weiter südlich besuchen Freunde der Revolution

Die malerische Bucht von Santiago

in Media Luna das **Museo Celia Sánchez**. Die Revolutionärin und langjährige Lebensgefährtin Fidels wurde in diesem Haus geboren (Di–So 9–17 Uhr).

11 ***Santiago de Cuba 12

Trotz der selbstbewussten Töne wirkt Kubas zweitgrößte Stadt im Vergleich zu Havanna ziemlich provinziell. Doch die Santiagueros gelten als temperamentvoller und aufgeschlossener als ihre eher ungeliebten Brüder im Nordwesten. Die ansteckende, typisch karibische Lebenslust ist kaum irgendwo sonst in Kuba so spürbar wie hier. Die Kulturen der Spanier, Franzosen und Afrikaner vermischten sich in dieser herrlich gelegenen Stadt zu einem besonders bunten und lebendigen Cocktail.

Buch-Tipp **Matthias Politycki, Herr der Hörner**, Hoffmann & Campe Verlag. Sprachmächtiger Roman über Santiago de Cuba und einen älteren Herrn, der sich im Dschungel afrokubanischer Kulte verliert.

**Parque de Céspedes A

Der Mittelpunkt der Altstadt erhielt seinen Namen von eben jenem Freiheitskämpfer › S. 119, dem auch das Denkmal auf der Plaza de Armas in Havanna gewidmet ist. Am schönsten Platz Santiagos hatten die Spanier die Schaltzentralen ihrer kolonialen Macht errichtet, hier mussten sie aber auch 1898 öffentlich ihre Kapitulation gegenüber den USA verkünden; Spanien verlor mit Kuba seine letzte Kolonie. Heute wirkt der schattige Platz mit seinen Steinbänken friedlich und beschaulich. Am Wochenende amüsieren sich hier Kinder bei Fahrten in kleinen Kutschen, die von Ziegen gezogen werden.

Beherrscht wird der Park von der **Catedral** Ⓑ, dem Wahrzeichen Santiagos. Der ursprüngliche Bau von 1528 wurde 1678 durch ein Erdbeben zerstört. Die wieder aufgebaute Kirche setzten die Engländer 1762 in Brand. Neue Schäden richtete das Erdbeben von 1852 an. Zu Beginn des 20. Jhs. wurde die Kirche von Grund auf erneuert. Besonders schön ist der große Chor mit dem aus Edelholz geschnitzten Gestühl. Diego Velázquez de Cuéllar fand hier seine letzte Ruhestätte. (Tgl. 17–20 Uhr; Gottesdienst tgl. 18.30 Uhr, So 9 und 18.30 Uhr).

Das **Ayuntamiento** Ⓒ, das Rathaus, ist auch Sitz der kubanischen Volksmacht *(Poder Popular)*. Auf dem mittleren der zierlichen Holzbalkone dieses Gebäudes stand am Neujahrstag 1959 der Rebellenführer Castro und verkündete das Ende der Ära Batista.

Auch Stadtgründer und erster Gouverneur Diego Velázquez de Cuéllar residierte ab 1522 am Céspedes-Park. Die ****Casa de Diego Velázquez** Ⓓ im andalusischen Mudéjarstil ist eines der ältesten erhaltenen Gebäude Kubas und

Ⓐ Parque de Céspedes
Ⓑ Catedral
Ⓒ Ayuntamiento
Ⓓ Casa de Diego Velázquez
Ⓔ Casa Natal de José María Heredia
Ⓕ Museo Emilio Bacardí
Ⓖ Museo del Carnaval
Ⓗ Padre Pico
Ⓘ Fábrica de Tabaco Cesar Escalante
Ⓙ Rumfabrik Caney
Ⓚ Museo Casa Natal de Antonio Maceo
Ⓛ Plaza de la Revolución
Ⓜ Moncada-Kaserne

Karte Seite 122

dient seit 1971 als Kolonialmuseum. Dokumentiert wird die Wohnkultur des 18. und 19. Jhs. Das wertvolle Mobiliar und die Dekorationsgegenstände vermitteln einen Eindruck vom Luxus, in dem die Pflanzeraristokratie dank der Sklaven, der üppigen Kaffee- und Zuckerrohrernten und des Kupferabbaus lebte. (Mo bis Do, Sa 9–13, 14–16.30, Fr 14 bis 16.30, So 9–13 Uhr)

An der Nordseite des Platzes verströmt das ***Hotel Casa Granda** › S. 127 den Charme der ausgehenden Kolonialzeit. Von der Veranda oder Dachterrasse aus

cht gut!

kann man **bei einem Cocktail in aller Ruhe das Treiben im Céspedes-Park beobachten.** An der Nordostseite des Parks bietet die **Casa de Té** verschiedenste Teesorten an – mit und ohne Rum.

La Enramada

Parallel zum Céspedes-Park verläuft die belebte Enramada (Calle José A. Saco), Lebensader und Haupteinkaufsstraße Santiagos. Auslagen und Dekoration der Schaufenster sind auf das Lebensnotwendige ausgerichtet. Farben und Leuchtreklame stammen noch aus vorrevolutionärer Zeit.

Entlang der Calle Heredia

Die enge Straße bietet vom Céspedes-Park in östliche Richtung jeden Tag viel Abwechslung. Hier findet unregelmäßig sonnabends ab 21 Uhr der Sábado de Rumba statt: Die Straße wird für Autos und Fahrräder gesperrt und kleine Imbissstände werden aufgebaut. Verschiedene Musikgruppen treten auf, die Santiagueros tanzen – auch mit den Touristen.

Die Kathedrale von Santiago

Die **Casa Natal de José María Heredia** E ist das Geburtshaus des gleichnamigen Dichters (1803–1839). In Versform verbreitete er seine Freiheitsideen, was ihm die spanischen Kolonialherren sehr verübelten. Der arme Poet hatte ein kurzes, leidvolles Leben und verbrachte den größten Teil davon im Exil, überwiegend in Mexiko. Sein Geburtshaus besitzt einen schönen Innenhof, in dem von Zeit zu Zeit Dichterlesungen und Konzerte veranstaltet werden (Heredia 260 e/ Hartmann y Pío Rosado, Di–Sa 9–19, So 9–14 Uhr).

Schräg gegenüber gründete Don Emilio, Mitglied der berühmten Rum-Dynastie › S. 124, 1899 das ***Museo Emilio Bacardí** F mit einer Sammlung, die sich ganz uneitel nicht etwa mit der Firmengeschichte, sondern mit Archäologie, Kolonialkunst und der Stadtgeschichte befasst (Pío Rosado esq. a Aguilera; Di–Sa 9–11.45, 13–16.15, Mo 13–16.15, So 9–12 Uhr).

Das kleine ***Museo del Carnaval** Ⓖ beschreibt die Geschichte des kubanischen Karnevals. Furchterregende Masken, aufwendige Kostüme, Plakate und Fotos vermitteln eine Vorstellung von dem Trubel, der beim Karneval in Santiago herrscht. (Heredia 303 e/ Pío Rosado; Di–Sa 9–17, So 9–13 Uhr; ab 17 Uhr afrokaribische Folklore und Rumbakonzerte)

*Padre Pico Ⓗ

In der hübschen Treppenstraße, die Ober- und Unterstadt miteinander verbindet, siedelte sich seinerzeit ein Großteil der französischen Kaffeebarone an, die aus Haiti eingewandert waren. Tagsüber sitzen die Santiagueros auf den Stufen und spielen Domino oder Karten. Am Ende der steilen Treppen wird man mit einem Rundblick über die Stadt belohnt.

Tabak- und Rumfabriken

In der **Fábrica de Tabaco Cesar Escalante** Ⓘ erlebt man die Metamorphose von Tabakblättern zur wohlgeformten Edelzigarre Marke »Romeo y Julieta« (Ave.

Hochprozentiges

Es begann im Jahre 1838 in einem Holzschuppen in Santiago: Kurz zuvor aus Spanien eingewandert, besaß Facundo Bacardí nicht mehr als ein altes Rezept zur Herstellung von Rum und eben diesen Holzschuppen. Der Rum, wie er auf der Insel traditionell gebrannt wurde, war scharf und praktisch ungenießbar. Bacardí besorgte sich eine gusseiserne Destillierblase und gewann nach einigen Experimenten den sogenannten Light Rum.

Die kleine Destille entwickelte sich bis 1862 zu einer prosperierenden Fabrik, deren Hauptsitz später nach Havanna verlegt wurde. Nach der Revolution wurde die Fabrik verstaatlicht. Die Familie Bacardí floh nach Puerto Rico. Aber auch in Santiago wurde weiter Zuckerrohrschnaps gebraut, jetzt unter der seit 1878 bekannten Marke »Habana Club« in der verstaatlichten Caney-Fabrik, aber nach wie vor mit bewährtem Bacardí-Rezept.

Zu Weltruhm gelangte der Rum übrigens erst, nachdem in den USA um 1870 eine bahnbrechende Erfindung gemacht wurde: künstliches Eis. Cocktails traten daraufhin ihren Siegeszug an.

Die Gran Reserva des Habana Club, die 15 Jahre in den Fässern reift, ist der beste und mit 60 CUC auch der teuerste Rum. Die braunen fünf- und siebenjährigen Sorten werden wie Whiskey nur mit Eis getrunken (6–8 CUC pro Flasche), der weiße, drei Jahre alte Rum (5 CUC) ist die Grundlage zahlreicher Cocktails wie Mojito und Daiquirí, die schon Hemingway mundeten.

Reiterstandbild des Antonio Maceo

Jesús Menéndez e/ Aguilera y Aduana; Mo–Fr 8–16, Eintritt 5 CUC, Besuch nach Voranmeldung unter Tel. (022) 62 2366).

Ein paar hundert Meter nördlich macht sich die **Rumfabrik Caney** J in der Avenida Jesús Menéndez schon aus der Ferne an ihrem süßlich-herben Duft bemerkbar. In der hohen Halle destillierten die Arbeiter früher den Rum für die Firma Bacardí, heute arbeiten sie für die Revolution und das Volk. Nun prangt meist »Havana Club« auf dem Etikett. Besichtigen kann man die Fabrik nicht, doch dürfen die Besucher an der Bar Rum probieren und kaufen (tgl. Mo–Sa 9–17 Uhr).

Revolutionsdenkmäler

Auf dem Weg zur Plaza de la Revolución im Norden der Stadt bietet sich ein kurzer Abstecher zum **Museo Casa Natal de Antonio Maceo** K an. Im schlichten Geburtshaus des Mulattengenerals Maceo (1845–1898) wurde die Geschichte von Kubas zweitem Unabhängigkeitskampf der Jahre 1895 bis 1898 zusammengetragen. In einem tollkühnen Unternehmen zog Maceo mit einer Zwergenarmee von 1400 Freiheitskämpfern (*mambises* genannt) gegen 182 000 Spanier – und siegte. (Maceo 207 esq. a Corona; Mo bis Sa 8–18 Uhr)

Wie jede größere Stadt in Kuba hat auch Santiago eine **Plaza de la Revolución** L. Das martialische Revolutionsdenkmal zeigt ein bronzenes Reiterstandbild des Antonio Maceo.

Von hier aus kann man mit dem Taxi zum ***Cementerio Santa Ifigenia** an der Avenida Crombet fahren. Die Attraktion unter den Gräbern und Totenhäusern dieses Friedhofs (8–17 Uhr) ist das gigantische Mausoleum des Freiheitsapostels und Dichters

José Martí › S. 119. Sechs Säulen tragen den offenen Rundbau, sodass das Martí-Standbild im Innern von allen Seiten her Licht erhält.

Batista nahm die 1859 erbaute **Moncada-Kaserne** Ⓜ im östlichen Teil des Stadtzentrums 1952 zum Ausgangspunkt für seinen Putsch. Im Gegenzug wurde das Symbol der Diktatur ein Jahr später zum Angriffsziel der bärtigen Revolutionäre um Fidel Castro. Im Revolutionsmuseum im linken Kasernenflügel wird an bewegte Zeiten erinnert. Authentisch wirkende Einschusslöcher zieren die verputzte Fassade (Eingang C. Gen. Portuondo; Di–Sa 9–17.15, So 9–13 Uhr).

***El Morro

Echt gut

Einen der **schönsten Ausblicke auf die Stadt, die Sierra Maestra und die karibische Küste** bietet das Castillo de San Pedro de la Roca, umgangssprachlich auch Castillo del Morro genannt. Die Festung wurde zwischen 1640 und 1642 auf den Klippen hoch über der Einfahrt zur flaschenförmigen Bahía de Santiago zum Schutz gegen Freibeuter und andere Feinde erbaut (tgl. 8–20 Uhr). Die Ähnlichkeit mit der Festung El Morro in Havanna ist nicht verwunderlich: Beide wurden von dem Architekten Juan Batista Antonelli entworfen. An ihren Mauern biss sich auch der Pirat Henry Morgan die Zähne aus. Er gab mit

Sturm auf die Moncada-Kaserne

Batista hatte sich bei den Kubanern bereits während seiner ersten Präsidentschaft von 1940 bis 1944 einen Namen als Schlächter gemacht. Als der verhasste Diktator 1952 zum zweiten Mal putscht, revoltiert die Studentenschaft. Der damals unbekannte 28-jährige Rechtsanwalt Fidel Castro Ruz klagt den Despoten wegen Rechtsbruchs an. Die Klageschrift landet auf Batistas Schreibtisch und verschwindet.

Da alle Rechtsmittel versagt hätten, argumentiert Castro, bleibe nur noch die Revolution. Am frühen Morgen des 26. Juli 1953 – ganz Santiago de Cuba taumelt noch im Karnevalsfieber – greifen 150 Männer unter Führung von Castro die Moncada-Kaserne an. Doch zu früh löst Castro durch einen Schuss das Startsignal aus. Die alarmierten Soldaten schießen sofort zurück. Die meisten Rebellen sterben durch Folter. Fidel wird der Prozess gemacht. Mit seinem brillanten Plädoyer stößt er auf Sympathien in der unzufriedenen Bevölkerung. »Verurteilt mich«, sagt Castro am Schluss, »die Geschichte wird mich freisprechen« – *La historia me absolverá.*

Damit war das Fanal für die Revolution gegeben. Fidel Castro kommt in das berüchtigte Modelo-Gefängnis auf der Isla de la Juventud. Auf Druck der Bevölkerung werden er und sein Bruder Raúl 1955 amnestiert und ins Exil nach Mexiko verbannt. Dort lernt der Chefrevolutionär Che Guevara kennen und kehrt mit ihm nach Kuba zurück, um den Guerillakampf zu beginnen …

Karte Seite 122

Die Festung El Morro hoch über der Bucht von Santiago

den Worten auf, das Bollwerk sei so sicher, dass man zu seiner Verteidigung nur einen Mann und einen Hund brauche. Es wurde als das besterhaltene und vollständigste Beispiel der Spanisch-Amerikanischen Militärarchitektur zum Weltkulturerbe erklärt. In den Räumen der Festung ist heute ein **Piratenmuseum** untergebracht (Mo–Fr 9–17, Sa, So 9–16 Uhr).

**Bucht von Santiago

Sehr zu empfehlen ist eine Taxifahrt entlang der tief in den schroffen Fels der Sierra Maestra eingegrabenen Bucht. Die Boote legen in der Regel einmal pro Stunde am Hafensteg von Punta Gorda ab. Die Pfahlbauten am Ufer haben durch Wind und Wetter schon etwas gelitten, verbreiten aber noch das Flair des French Quarter in New Orleans. Das Heer französischer Pflanzer, das während der Sklavenrevolution von Haiti herüberschwappte, hat deutliche Spuren hinterlassen. In der Mitte der Bucht liegt das Inselchen **Cayo Granma,** wo etwa 1400 Menschen in abgeschiedener Beschaulichkeit leben. Ein schöner Spaziergang führt in rund 20 Minuten um die Insel herum, ein Restaurant serviert Snacks. Vom Inselrücken, auf dem die Iglesia de San Rafael thront (meist geschl.), sieht man bis Santiago.

Hotels

- **Meliá Santiago de Cuba**
Avenida de las Américas y M
Tel. (22) 68 7070
www.meliasantiagodecuba.solmelia.com
Postmoderner Luxus. Tennis, Fitnessraum, Shoppingcenter, Disco. ●●●
- **Casa Granda**
Lacret y Heredia
Tel. (22) 65 3021–24
www.gran-caribe.com

Echt gut! **Grandhotel im Herzen Santiagos, mit schöne Dachterrasse,** 62 leider recht hellhörige Zimmer. Bistro auf der Veranda. ●●●

■ **San Basilio**

San Basilio (Bartolomé Masó) 403
Tel. (22) 651702
hostalsb@stgo.scu.cyt.cu

Neues intimes Boutique-Hotel im Kolonialstil mit acht Zimmern und kleinem Restaurant. ●●

Restaurants

■ **Zunzún**

Avenida Manduley 159 e/ 5 y 7, Vista Alegre][Tel. (22) 64 1528

Echt gut! Koloniales Ambiente, **erstklassige und sehr einfallsreiche Küche,** mit Tapas, Thunfischkanapees, Paella, Hummer und Knoblauchgarnelen. ●●

■ **El Barracón**

Avda Victoriano Garzón
Tel. (22) 66 1877

Afrokubanisches Dekor mit Santería-Schrein und kreativer kreolischer Küche, insbesondere Schweinefleisch, aber auch Lammgerichte. ●●

■ **Paladar Salón Tropical**

Fernández Marcané 310
Tel. (22) 64 1161

Derzeit der beste Paladar der Stadt, mit schöner Dachterrasse und leckerer kreolischer Küche. ●●

■ **Taberna de Dolores**

Aguilera 486][Tel. (22) 62 3913

Kreolische Küche in kolonialem Ambiente an der Plaza Dolores. Rechnung kontrollieren! ●

■ **Café Isabélica**

Plaza Dolores esq. a Aguilera y Calvario][Tel. (22) 62 2230

Das urigste Café im Oriente. Hier trifft man auch Kubaner. Ausländer zahlen mit CUC. ●

Shopping

■ **Galeria de Arte UNEAC**

C. Heredia e/ Hartmann y Pío Rosada

Eines der besten Geschäfte für Kunst- und Kunsthandwerk im Oriente, wenige Schritte vom Hotel Casa Granda › S. 127 entfernt. Karnevalsmasken sind ein guter Kauf.

■ In der Straße reiht sich ein Kunstladen an den anderen, wie auch unter den Arkaden der Kathedrale – z. B. **Cubartesania** und **Casa de la Artesania.**

■ **Fábrica de Instrumentos Musicales**

C. Patricio Lumumba 55

Gitarren, Trommeln und all die anderen typisch kubanischen Musikinstrumente werden hier gefertigt.

■ **Discoteca Egrem**

Saco 309

Breite Auswahl an CDs und Musikkassetten (auch bei **Artex** in der Casa de la Trova › S. 129).

■ **La Maison**

Avenida Manduley e/ 1 y 3

Kosmetik, Schmuck und Mode aus Europa, allabendlich vorgeführt von bildschönen kubanischen Models.

■ **Fábrica de Rón Caney**

Avenida Jesús Menéndez e/ San Antonio y San Ricardo (gegenüber dem neuen Bahnhof)

Verkauf der Rumsorten Rón Varadero und Rón Matusalem. Nur hier ist der 25 Jahre alte Rum Santiago de Cuba Extra Añejo 25 erhältlich, der in Porzellanflaschen verkauft wird.

■ **Casa del Habano**

neben der Zigarrenfabrik in der Avenida Jesús Menéndez 703

Beste Auswahl an Zigarren; mit Rauchersalon und Bar im Obergeschoss.

Nightlife

Tropicana

Autopista Nacional, km 1,5
Tel. (22) 68 7087
Die Konkurrenzveranstaltung zur »Tropicana«-Show in Havanna, nicht ganz so touristisch. Beginn: 22 Uhr.

Santiago Café

Hotel Meliá Santiago de Cuba
Tel. (22) 68 7070
Beliebtes Cabaret, anschließend Disco bis 2 Uhr morgens.

Casa de la Trova

C. Heredia 208
Tel. (22) 65 2689
Echt gut! **In der berühmtesten Musikkneipe Kubas,** benannt nach dem Santiaguero José (Pepe) Sanchez, dem Vater der Trova, treffen sich Musiker, Künstler und Intellektuelle mit dem übrigen Volk. Hier ist um 1959 der Protestsong im Trovastil entstanden. An den Wänden erinnern Gemälde und Fotos an die Altmeister. Die gefühlvollen, nachdenklichen Lieder sind schon ab mittags zu hören. Abends finden hier *noches culturales* statt, bunte Unterhaltungsabende. Eintritt bis zu 5 CUC. Tgl. 11 Uhr bis etwa Mitternacht.

Casa de la Música

Corona 564 e/ Aguila y Enramada
Tel. (22) 65 2243
Hier treten die besten Salsa- und Son-Gruppen auf.

Club 300

Aguilera 302 e/ General Lacret y San Félix
Tel. (22) 65 3532
Tagsüber Cafeteria, nachts beliebte Disco mit Karaoke und Live-Auftritten.

El Patio de los dos Abuelos

Calle F. Perez Cabo 5
Tel. (22) 62 3302

In der Casa de la Trova wird zu traditioneller kubanischer Musik das Tanzbein geschwungen

Echt gut! **Traditionelle Salsa vom Feinsten;** geringer Eintritt.

Aktivitäten

In der Musikhauptstadt Kubas ist das Angebot an **afrokubanischen Percussionkursen** für Touristen besonders vielfältig. Man hat die Qual der Wahl zwischen Congas, Timbales, Shekere, Drumset und Bongos.

Casa del Caribe

Calle 13 No 154, Vista Alegre
Tel. (22) 664 2285][Fax 664 2387
Organisiert Workshops und vermittelt Privatlehrer.

Special

Musik zum Miterleben

Auf Kuba eine Stereoanlage zu besitzen, geht einher mit der Verpflichtung, sie möglichst weit aufzudrehen, um alle Nachbarn am Musikgenuss teilhaben zu lassen, auch – oder besser – gerade um ein Uhr nachts. Ein Autoradio oder ein krächzender Ghettoblaster mit ausgelutschten Batterien tun es auch. Auf der Straße kreischen Kinder, Hunde bellen, Hähne krähen, ein russisches Moped knattert, ein alter Chevy heult auf: So begleitet, klingt kubanische Musik am besten.

Buenavista und die Folgen

Mit Wim-Wenders-Melancholie hat das alles recht wenig gemein. Doch die Kubaner wissen, wie beliebt die Musik der inzwischen verstorbenen Herren des Buenavista Social Club bei Touristen ist. So empfängt schon am Flughafen eine Combo die müden Ankömmlinge mit »Chan Chan«, und ein findiges Reisebüro bietet in **Havanna** Stadtrundfahrten mit Oldtimern auf den Spuren von Wim Wenders oscarnominiertem Streifen an. Aber es gibt viele alte Herren auf Kuba, und wenn sich einige von ihnen in der Casa de la Trova zu einer spontanen Session zusammenfinden, fragt keiner danach, wie sie heißen: Gut sind sie alle, und die meisten Lieder gehören zum kubanischen Volksgut.

Ebenso gut hätten Wenders und Ry Cooder aber auch nach **Manzanillo** im Oriente fahren können, wo der Son erfunden wurde. In die dortige Casa de la Trova verirrt sich kaum ein Tourist – authentischer geht es nicht.

Fantastische Livebands kann man auch in **Trinidad** hautnah erleben: Zum Nulltarif auf der Freitreppe neben der Iglesia Santísima Trinidad oder gegen geringe Gebühr in der nahen Casa de la

Trova › S. 98. Wer es bis nach **Santiago de Cuba** schafft, kann sich am Samstagabend beim *Sabado de la Rumba* in Kubas größte Partyzone stürzen: In der Calle Heredia spielen ab 21 Uhr Livebands, und an Ständen wird Bier und Rum ausgeschenkt.

Andere Töne

Die Jugend bevorzugt andere Töne, insbesondere Salsa in allen Variationen, auch wenn Stilpuristen bemängeln, dass Salsa eigentlich ein Kunstprodukt der Latin-Musik ist. Doch Musik auf Kuba, das heißt auch ständige Weiterentwicklung – da mischen sich Jazz, Rock, Rap und Hip Hop in Rumba, Son und Salsa: Hauptsache, man kann danach tanzen.

Los Van Van, NG La Banda, Manolito y su Trabuco, Dan Den, Adalberto Alvarez, Isaac Delgado, Klimax oder Paulito y su Elite, so heißen die Stars der kubanischen Szene. Am Samstagabend bewundern viele Kubaner ihre Salseros im Fernsehen.

Die rebellische kubanische Jugend verfällt zusehends dem sogenannten Reggaeton, einer harten, erotisch aufgeladenen Mischung aus Reggaebeats und kubanischen Rhythmen. Die Texte sind oftmals obszön und politisch riskant. Zurzeit sind Gruppen wie El Medico, Topaz Sound, Control Cubano, Klan Destino und KLC Clave Cubana angesagt.

2008 sorgte Gorki Aguila, Mitglied der regimekritischen Punkrockband Porno Para Ricardo, für eine Welle internationaler Solidarität, als man ihn aufgrund sozialer Gefährlichkeit vorübergehend verhaftete. Gorki macht sich in seinen Texten über Fidel Castro und dessen Bruder Raúl lustig: So offen wagt das sonst niemand.

CD-Empfehlungen

- **Chucho Valdés:** Chucho's Steps (Harmonia Mundi). Cubajazz vom Feinsten, Grammy 2011!
- **David Calzado y su Charanga Habanera:** Me sube la fiebre (EGREM). Eine der frechsten Salsa-Gruppen.
- **César Pedroso:** Pupy y los que son son (Tropical/BMG). Fetzige Salsa-Rhythmen von einem ehemaligen Van-Van-Mitglied.
- **Orishas:** A lo Cubano (EMI). Kubas populärste Hip-Hop-Gruppe.
- **Cubaton 2012. Reggaeton de Cuba** (Urban Latin Records). Besonders aktueller Sampler mit kubanischem Reggaeton (2 CDs).

Ausflüge von Santiago

**El Cobre 13

Der kleine Wallfahrtsort liegt rund 25 km westlich von Santiago mitten in der Sierra Maestra. Seit dem 16. Jh. wurde hier Kupfer *(cobre)* abgebaut. Majestätisch krönt eine weiße Basilika den Urwaldhügel. In der Kirche wird – je nach Glaubensvorstellung – die Virgen de la Caridad del Cobre verehrt, die wundertätige, dunkelhäutige Jungfrau der Barmherzigkeit, oder die Santería-Göttin *Oshún* › S. 32. Der Legende nach fanden drei Fischer die kleine Holzstatue 1606 in der Bahía de Nipe an der Nordküste und brachten sie hierher. 1916 wurde sie von Papst Benedikt XV. zum Heiligtum erklärt. Die Gläubigen legen traditionell Votivgaben zu Füßen der Jungfrau ab, viele Blumen – meist gelbe – oder Schmuck, Orden, Stofftiere und vor allem Unmengen von Blechstücken, die Körperteilen nachgeformt sind. Letztere sollen die Bitte an die Jungfrau um Heilung eines Leidens unterstützen. (Tgl. 6.30–18 Uhr; Messen: Do–Di 8, So auch 10 und 16.30 Uhr)

*Biosphärenreservat Baconao 14

Zu diesem langen Tagesausflug in das 800 km² große Biosphärenreservat zwischen Santiago de Cuba und der Laguna Baconao sollte man frühmorgens aufbrechen. Man fährt über Los Guasimas in den ***Parque Nacional de Baconao** (ca. 28 km östlich von Santiago). In den Ausläufern der Berge wachsen Kaffeesträucher, Mango- und Guavenbäume, rund 15 verschiedene Farnarten und die kubanische Nationalblume *Mariposa*, ein Liliengewächs.

Zur Marienstatue der El-Cobre-Kirche pilgern die Kubaner

Feuchtbiotop im küstennahen Parque Nacional de Baconao

Der 1214 m hohe Gipfel der **Gran Piedra,** übersetzt »großer Stein«, bietet besonders morgens eine **wunderbare Aussicht.** Man erklettert ihn über schweißtreibende Stufen. Auch der farbenfrohe **Jardín Ave de Paraíso** 800 m westlich des (geschlossenen) Hotels Villa Gran Piedra ist sehenswert. Vom Fuß der Gran Piedra führt ein Schotterweg zur Kaffeeplantage ***La Isabélica**. Der restaurierte Komplex mit Wohnhaus, Lager, Gerätschaften und Kaffeeschälanlage spiegelt anschaulich das ungleiche Leben der Herren und Sklaven in diesem *cafetal* wider (tgl. 8–16 Uhr).

Anschließend fährt man wieder zurück bis Los Guasimas. Wenige Kilometer südlich liegt die **Granjita Siboney,** eine als Hühnerfarm getarnte konspirative Versammlungsstätte der Guerilleros der Bewegung des 26. Juli › S. 126. Im Haus sind neben Dokumenten, Fotos und Gewehren auch persönliche Gegenstände der Revolutionäre, die 1953 die Moncada-Kaserne stürmten, ausgestellt (Mo 9–13, Di–So 9 bis 17 Uhr). Gleich nebenan dokumentiert das ***Museo de la Guerra Hispano-Americana** den Spanisch-Amerikanischen Krieg von 1898 (tgl. 9.15–16.45 Uhr).

Anschließend kann man etwas weiter südlich am bei Einheimischen beliebten braunen Sandstrand **Playa Siboney** ein erfrischendes Bad nehmen.

Weiter östlich liegt die bei Kubanern ebenfalls sehr beliebte Freizeitanlage **Valle de la Prehistoria,** in der etwa 200 lebensgroße Gips-Dinosaurier in einer urzeitlich anmutenden Landschaft auf Besucher warten. Angeschlossen ist ein kleines Naturkundemuseum. In der Nähe, gleich hinter der Cupet-Tankstelle, findet man ein **Oldtimermuseum** mit Cadillacs

Angenehm schattig: Die Playa Baconao lädt zum Faulenzen ein

und anderen Schlitten sowie ein **Museum für Miniaturautos.**

Zwischen den Felsen der Gebirgslandschaft liegen viele Badebuchten, z.B. die **Playas Juraguá, Damajayabo** und **Bocajagua** (mit gleichnamigem Restaurant). Die meisten sind feinsandig und fallen flach ins Meer ab. Der Untergrund ist allerdings an manchen Stellen felsig. Vor den Stränden **El Indio, Coloradas** und **Cazonal** gibt es attraktive Tauchgebiete, an der **Playa Baconao** ein Wassersportzentrum im Club Bucanero, (Tel. (022) 68 6363, www.grancaribe.com) und ein Delfinarium.

Hotel

Club Amigo/Carisol
Playa Cazonal][Tel. (22) 35 6121
www.hotelescubanacan.com
Clubhotel im Park, umgeben von einer Vielzahl exotischer Pflanzen. ●●

Restaurant

Bocajagua
Parque Baconao
Ausflugsrestaurant im Park, in der Nähe der Playa del Indio. Die Krönung der Speisekarte ist Seemakrele mit Limone. ●●

Guantánamo 15

Die besonders revolutionstreue Hauptstadt der gleichnamigen Provinz ist von modernen Plattenbauten geprägt. Die kaum erhaltene koloniale Architektur erinnert an Haiti oder New Orleans: ein Erbe der im 19. Jh. aus Haiti geflohenen französischen Kaffeepflanzer. Diese brachten viele afrikanische Sklaven mit, was sich in den lokalen Rhythmen niederschlug. Einer heißt sogar Tumba Francesa. In der örtlichen **Casa de la Cultura** werden die Traditionen eifrig gepflegt.

23 km südlich liegt die US-Militärbasis, deren Pachtvertrag nur einvernehmlich gekündigt werden kann. Die USA verweigern jedoch die Aufgabe der Basis u.a. wegen ihrer strategischen Bedeutung (u.a. Kontrolle von Drogenrouten und Internierungslager für mutmaßliche islamistische Terroristen).

Vom **Mirador de Malónes** an der Ostseite der Bucht hat man direkte Einsicht in die Basis, doch ist dieser Aussichtspunkt derzeit geschlossen. Der nach wie vor zugängliche Aussichtspunkt des **Ho-**

tel Caimanera an der Westseite der Bucht bietet das schönere, weniger militärische Panorama. Ein Besuch der Basis von Kuba aus ist ausgeschlossen.

Die Bewohner der Stadt Guantánamo sind entschieden gastfreundlicher, insbesondere am Sonnabend, wenn die **Calle Pedro A Perez** regelmäßig zur Fußgängerzone umfunktioniert wird und bei Musik und Tanz der Rum in Strömen fließt. Das dabei oft dargebotene, von José Martí getextete Lied »Guantanamera« besingt übrigens kein Mädchen aus Guantánamo, sondern die Guajira Guantanamera, eine ländliche Stilrichtung des kubanischen Son, die aus den Bergen bei Guantánamo stammt.

*Baracoa 16

Die erste spanische Siedlung Kubas war bis in die 1960er-Jahre nur mit dem Schiff zu erreichen. Inzwischen ist Kubas 1511 gegründete erste Hauptstadt Baracoa auf über 40 000 Einwohner angewachsen.

Bei den Resten der 1803 zerstörten Festung **Castillo de la Punta** im Zentrum markiert ein Holzkreuz auf silbernem Sockel die Stelle, an der Kolumbus angeblich das erste Kreuz aufrichtete. Das **Cruz de la Parra** ist in der bescheidenen Kathedrale zu besichtigen. Die neueste Attraktion Baracoas ist das in den Höhlen Las Cuevas del Paraíso untergebrachte **Museo arqueológico**, das mit viel Enthusiasmus Grabfunde (Skelette, Keramik) und Petroglyphen der Taínos präsentiert (tgl. 8–17 Uhr).

Baracoa bezaubert Besucher durch seine einzigartige Atmosphäre. Unter der Woche ein verschlafenes Tropenstädtchen mit schmalen Straßen und verwitterten Häusern mit Dachtraufen und rostroten Ziegeldächern, erwacht der Ort am Sonnabend zu Leben. Bei der **Noche Cubana** verwandelt sich die Hauptstraße Calle Maceo in eine ausgelassene Freiluftbar. Überall wird getrunken und getanzt; Barrieren zwischen Einheimischen und Individualtouristen sind hier nicht durchzusetzen.

Echt gut!

In Baracoa isst man besser als irgendwo sonst außerhalb Havannas. Hier verleiht die allgegenwärtige Kokosnuss nicht nur gebratenem Thun- und Schwertfisch, sondern auch frischem Hummer einen besonderen Geschmack. Geradezu süchtig machen die fruchtig-süßen Kokoskugeln, *cucurucho* genannt. Auch für seine köstliche heiße Schokolade ist Baracoa bekannt.

In der ersten Aprilwoche feiert die Stadt den Volkshelden Antonio Maceo mit einem Karneval auf dem Malecón. Maceo landete am 1. April 1895 bei Baracoa, um Kuba von der spanischen Kolonialherrschaft zu befreien.

Hotels

■ **Porto Santo**
Ctra. al Aeropuerto
Tel. (21) 64 5106
www.gaviota-grupo.com

Hübsche Hotelanlage in paradiesischer Bucht; Restaurant mit ausgezeichneter kreolischer Küche. ●●

■ **El Castillo**
C. Calixto García
Tel. (21) 64 5165
www.gaviota-grupo.com
Das beliebte kleine Burghotel hat nur 35 Zimmer. Winziger Swimmingpool mit Bar und spektakulärer Aussicht. ●●

Echt gut!

Restaurant

La Punta
Fortaleza La Punta][Bahía de Miel
Tel. (21) 64 3335
Regionale Küche und Bar in einem ehemaligen Fort. Tgl. 7–22 Uhr; 24-Stunden-Bar. ●

Shopping

Galería P. Álvarez López
C. Félix Ruenes 25
Die Galerie führt Schnitzereien, Perlmuttarbeiten und Bilder von Baracoas bekanntestem Künstler: Pelayo Álvarez López.

Nightlife

Casa de la Trova
C. Antonio Maceo 149
Musikprogramm für die kühlen Nächte. Tgl. 10–22 Uhr.

Ausflüge von Baracoa

Mit dem Rad nach Boca de Yumurí 17

Die Straße nach Boca de Yumurí (28 km östl. von Baracoa) bietet sich für eine Fahrradtour an, da man unterwegs immer wieder an einer der schönen schwarzsandigen Buchten ins Wasser springen kann. Das Fischerdorf ist wegen seiner hübschen seltenen Wasserschnecken bekannt. Die Kubanische Buntschnecke *(Polymita picta)* gibt es nur hier. Sie sieht aus, als hätten Künstler sie in allen möglichen Farben bemalt: Orange, Gelb, Weiß und Schwarz. Am Strand sucht man sie vergebens, denn sie lebt hauptsächlich auf Kaffeebäumen. Die Einheimischen bieten sie zum Kauf an – aus Gründen des Artenschutzes sollte man aber in jedem Fall darauf verzichten.

*Río Toa und Tafelberg **El Yunque 18

Üppig grüne Regenwälder mit klaren Flüssen und palmengesäumte Badestrände machen das Hinterland von Baracoa besonders reizvoll. Der wilde **Río Toa,** der durch zwei tiefe Canyons fließt, ist das Revier der Rafter. Sie befahren ihn mit Schlauchbooten. Flussaufwärts leben noch 300 Yateras, direkte Nachfahren der indianischen Taínos. Sie rudern noch immer mit indianischen *cayucas* (flache Kanus) den Fluss hinauf.

Echt gut

Besonders beliebt ist ein in den Hotels von Baracoa buchbarer Ausflug zum Tafelberg **El Yunque,** den schon Kolumbus beschrieben hat. Der nur mäßig anstrengende, aber nichtsdestotrotz schweißtreibende Aufstieg (mit Führern) dauert zwei Stunden: Auf dem flachen Gipfel wachsen seltenste Farn- und Orchideenarten. Buchung von Rafting- und Trekkingtouren in den Hotels von Baracoa.

*Playa Maguana 19 und *Playa Nava

Einheimische wie Touristen bevölkern die schmale, goldgelbe **Playa Maguana**, 26 km nordwestlich von Baracoa. Neben den bestehenden kleinen Hotels ist der Neubau komfortabler Touristenhotels in Planung. Viele Einheimischen bieten frische Fischgerichte an. Die 6 km weiter nördlich gelegene **Playa Nava** ist fast immer menschenleer.

Hotel

Villa Maguana
Tel. (21) 64 5164][Fax 64 5223
Echt gut! **Kleines verschwiegenes Hotel,** direkt am Strand gelegen. ●●

12 ***Parque Nacional Alejandro de Humboldt 20

Baracoas Hotels bieten Ausflüge (30 CUC p.P.) in den Humboldt-Nationalpark an, der von der UNESCO 2001 zum Weltnaturerbe erklärt wurde. Auf dem 5 km langen anstrengenden Wanderweg Balcón de Iberia geht es steil bergauf und bergab. Dafür bieten sich immer wieder **atemberaubende Ausblicke.** Echt gut! Außerdem kann man unten im kühlen Fluss schwimmen. Wer es gemütlich mag, spaziert einfach an der Bucht entlang. Auf einer Bootsfahrt durch die Mangroven der Bahía de Taco lernt man sogar Seekühe (Manatis) kennen, die bis zu 600 kg wiegen. Um die Tiere nicht aus Versehen zu verletzen, wurde extra eine ungefährliche Schiffsschraube entwickelt.

Die Biologen des Besucherzentrums, die als Führer tätig sind, werden nicht müde, von den 1000 Blütenpflanzen und 145 Farnarten zu erzählen, die den Nationalpark zu einem einzigartigen tropischen Inselhabitat machen. 70 % aller Pflanzen kommen nur hier vor, und vielleicht erspäht man sogar seltene Vögel wie den kubanischen Amazonenpapagei.

Echt gut! Kuba für Abenteuerlustige

- Afrokubanische Tanzstunden mit dem Conjunto Folklórico Nacional in **Havanna.** › S. 59
- Exkursionen in die Höhlenwelt bei **Viñales** und Klettertouren auf die Karstkegel. › S. 69
- Über dem Strand von **Varadero** mit dem Fallschirm abspringen oder mit einem Gleitschirm segeln. › S. 78
- Erkundung der kristallinen Höhlen **Cuevas Bellamar** bei Varadero mit einer Grubenlampe. › S. 79
- Auf dem **Cayo Naranjo** bei Guardalavaca mit Delfinen schwimmen. › S. 114
- Mit dem Helikopter nach **Cayo Saetía** fliegen. › S. 115
- Den **Pico Turquino,** Kubas höchsten Berg in der Sierra Maestra, erklimmen. › S. 119
- Afrokubanische **Percussionkurse** in Santiago. › S. 129
- Rafting durch die Canyons des wilden **Río Toa** bei Baracoa. › S. 136

Infos von A–Z

Adressen
Zur Orientierung wird der Schnittpunkt zweier Straßen angegeben. Mit »esq. a C« ist »an der Ecke *(esquina)* zu Straße C« gemeint, während »e/ A y B« für »zwischen *(entre)* Straße A und B« steht. Der Einfachheit halber wird *calle* (»Straße«) meist weggelassen.

Ärztliche Versorgung
Sie ist im ganzen Land gesichert und liegt weit über dem Niveau anderer karibischer Länder. Wegen der Versorgungsengpässe sollte man dringend benötigte Medikamente von zu Hause mitnehmen. Seit 1. Mai 2010 ist jeder Reisende verpflichtet, bei der Einreise eine für Kuba gültige Reisekrankenversicherung für die vorgesehene Aufenthaltsdauer nachzuweisen.

Baden
An den Stränden ist bei roter Flagge das Baden verboten. Gelb bedeutet Vorsicht, Grün Entwarnung. Wegen der Seeigel an manchen Stränden können Badeschuhe nützlich sein. Haie verirren sich höchst selten in die flachen Küstengewässer. Gute Sonnen- und Insektenschutzmittel gehören unbedingt ins Gepäck. Der superknappe Bikini ist ebenso verpönt wie oben ohne. Wer die Hüllen ganz fallen lässt, bekommt es mit der Polizei zu tun. FKK gibt es nur (inoffiziell) auf Cayo Largo › S. 86.

Behinderte
Diskriminierungen jeglicher Art sind in Kuba verboten. Behinderten gegenüber sind die Kubaner sehr hilfsbereit.

Diplomatische Vertretungen
■ **Deutsche Botschaft** *(Embajada de la República Federal de Alemania)*
Calle B No. 652 esq. a 13,
Vedado, Ciudad de La Habana
Tel. (7) 833 3188, Fax 833 1586
www.havanna.diplo.de

■ **Österreichische Botschaft**
(Embajada de la República de Austria)
5ta Avenida 6617 esq. a 70,
Miramar, Ciudad de La Habana
Tel. (7) 204 2825, Fax 204 1235
havanna-ob@bmeia.gv.at

■ **Schweizer Botschaft**
(Embajada de la Confederación Suiza)
5ta Avenida 2005 e/ Calle 20 y 22
Miramar-Playa, Ciudad de La Habana
Tel. (7) 204 2611, Fax 204 1148
hav.vertretung@eda.admin.ch

Ein- und Ausreise
Benötigt werden ein noch mindestens sechs Monate gültiger Reisepass sowie eine Touristenkarte, die die diplomatischen Vertretungen Kubas oder das Reisebüro für etwa 25 € verkaufen. Individualreisende können inzwischen ohne Probleme die Adresse ihrer legalen *casa particular* in die Karte eintragen. Geschäftsleute und Journalisten müssen ein Arbeitsvisum beantragen.

Bei der Ausreise darf niemand einchecken, ohne die Ausreisesteuer in Höhe von 25 CUC bezahlt zu haben (oft ist sie aber im Pauschalarrangement inklusive).

Elektrizität
Für Föhn oder Rasierapparat sollte man unbedingt einen Adapter für 110 Volt/ 60 Hertz einpacken. In manchen modernen 4- und 5-Sterne-Hotels sind auch 220 Volt-Anschlüsse vorhanden.

Fernsehen und Radio
Hotelzimmer sind in der Regel mit einem Fernseher ausgestattet. Zwischen

18 und 22 Uhr bringen zwei staatliche Sender leichte Kost und viel Baseball. In vielen Hotels ist die Deutsche Welle zu empfangen. In den größeren Unterkünften können Kabelkanäle, auch der US-Sender CNN über Parabolantenne, empfangen werden.

Außer Radio Rebelde, dem Rebellenradio mit Nachrichten, versorgen fünf Radiosender rund 1,6 Mio. Haushalte ausschließlich mit Kultur, Musik, Ratespielen und Boxwettkämpfen.

Fotografieren

Abgesehen von Militäranlagen gibt es keine Beschränkungen. Viele Kubaner freuen sich sogar, wenn man sie fotografiert. Filme und Speicherchips für Digitalkameras sind vor Ort erhältlich, Diafilme sind hingegen seltener.

Geld und Währung

Die nationale Währung ist der kubanische Peso (CUP). Der US-Dollar wird als Zahlungsmittel nicht mehr akzeptiert und allenfalls noch mit 10 % Strafabschlag getauscht. Unbedingt Euro oder Schweizer Franken in bar oder als Reiseschecks mitnehmen! Sie sind vor Ort in »harte« *Pesos convertibles* (CUC) zum Tageskurs (www.bc.gov.cu) zu tauschen. CUCs können bei der Ausreise wieder in Devisen getauscht werden. In Varadero und den Resorts wird der Euro akzeptiert, oft jedoch auf einem Umtausch in CUC bestanden. Es empfiehlt sich, kleine Scheine mitzunehmen, denn schon ein 20-€-Schein kann beim Wechseln Probleme bereiten.

Am Flughafen, bei Mietwagen- und Reiseunternehmen, in größeren Hotels und Restaurants werden europäische Kreditkarten akzeptiert (MasterCard, Visa), aber nicht überall sind die erforderlichen Geräte vorhanden oder funktionsfähig. Karten und Reiseschecks von US-Banken (American Express, Citibank) werden nicht angenommen.

Banken und Hotels wechseln Bargeld und Reiseschecks gegen eine Gebühr von 3–5 %. Bargeldabhebungen mit Kreditkarte sind bis zu 1000 € möglich. In den Städten weit verbreitet sind CADECA-Wechselstuben.

Gepäck

Packen Sie vor allem sommerliche, legere Kleidung ein. Strandbekleidung ist in Städten, besonders in Kirchen, Museen, Restaurants und Cabarets, unerwünscht. Wegen des möglichen Einbruchs kühler Nordwinde und der erbarmungslos kalt eingestellten Klimaanlagen empfiehlt es sich, eine Wolljacke oder einen Pulli mitzunehmen. Ein leichter Regenschutz gehört ebenfalls in jeden Koffer.

Gesundheit

Neben den üblichen Impfungen (Polio, Diphtherie, Tetanus) ist eine Immunisierung gegen Hepatitis A und eventuell Typhus ratsam. Leitungswasser möglichst nur abgekocht trinken.

Informationen

Auskünfte erteilt das kubanische Fremdenverkehrsbüro in der Kaiserstr. 8, 60313 Frankfurt am Main, Tel. (069) 28 83 22, Fax 29 66 64 oder online unter www.cubainfo.de.

Urlaubskasse	
Tasse Kaffee	0,50–1 €
Softdrink	1–2 €
Bier (Dose oder Flasche)	1,50–3 €
Hühnchen mit Reis und Bohnen	3,50 €
Kugel Eis	0,50 €
Taxifahrt (pro km)	1,20 €
Mietwagen/Tag	ab 50 €
1 l Superbenzin	1,30 €

Internet

Die großen Hotels bieten öffentlichen Internetzugang für Touristen (teilweise sehr teuer). In größeren Orten stellt die Telefongesellschaft ETECSA eigene Terminals zur Verfügung (oft lange Wartezeiten; Pass mitbringen!), geöffnet meist 7–23 Uhr (6 CUC/Std.).

Kriminalität

Diebstähle werden seit der Revolution als schweres Vergehen geächtet. Kuba ist nach wie vor ein sehr sicheres Reiseland, was vermutlich nicht zuletzt an der hohen Polizeipräsenz liegt.

Öffnungszeiten

Geschäfte sind in der Regel Mo–Sa 9.30–12.30 und 14–17 Uhr geöffnet, Bank- und Postschalter 8.30–12 und 13.30–15 Uhr. Jeder 2. Samstag ist arbeitsfrei. CADECA-Wechselstuben haben länger geöffnet. Museen haben Mo und So meist ab 12 Uhr zu. Da bei Regen kein Kubaner das Haus verlässt, schließen dann auch die Museen.

Post

Briefmarken für Postkarten und Briefe kosten derzeit 0,75 bzw. 1 CUC (jeweils Luftpost); sie sind in Hotels und Postämtern (dort gegen nationale Pesos) erhältlich. Briefpost nach Europa kann bis zu sechs Wochen dauern.

Presse

Einzige Tageszeitung ist die »Granma« (www.granma.cu), das Sprachrohr der Partei; die »Granma Internacional« erscheint wöchentlich, auch auf Deutsch (www.granma.cu/aleman). »Opciones« (www.opciones.cu) ist eine gut gemachte Wochenzeitung für Wirtschaft, Finanzen und Tourismus. »Bohemia« (www.bohemia.cu) berichtet über vielseitige, teils brisante Themen. Die Jugend liest »Juventud Rebelde« (www.juventudrebelde.cu). Die Zeitung der Arbeiter heißt »Trabajadores« (www.trabajadores.cu).

Telefon

Wer von Havanna eine Nummer in der Provinz anruft, wählt 01 vor (Varadero also 0145), von Provinzstadt zu Provinzstadt wählt man die 0 (Varadero also 045). Innerhalb der gleichen Stadt entfällt die komplette Vorwahl. Die internationale Vorwahl für Deutschland ist 119-49, für Österreich 118-43, für die Schweiz 119-41. Eine Minute nach Europa kostet im Hotel 6 CUC. Telefonkarten für öffentliche Kartentelefone von ETECSA gibt es zu 5, 10 und 25 CUC, die Minute nach Europa kostet 4 CUC. Bei Cubacel (Schalter u.a. am Flughafen in Havanna) kann man für 40 CUC (inkl. 10 CUC Gesprächsgebühren) das eigene GSM-Handy freischalten lassen; sein Betrieb funktioniert in Havanna und in den Touristenzentren.

Trinkgeld

Trinkgeld *(propina)* in CUC ist sehr willkommen. Für viele ist es sogar existenziell. Kofferträgern, Barkellnern und anderen guten Geistern gibt man 1 CUC, bei höheren Rechnungen im Restaurant etwa 2 CUC. Für das Zimmermädchen sind rund 3 CUC pro Woche angemessen. Reiseleiter erhalten pro Teilnehmer und Tag etwa 1 CUC. Trinkgeld immer persönlich übergeben, sonst kassiert es der Staat!

Zoll

Reisemitbringsel sind abgabenfrei. Folgende Mengen sind bei der Ausfuhr zu beachten: 200 Zigaretten oder 100 Zigarillos oder 50 Zigarren oder 250 g Rauchtabak; 1 l Rum (über 22 Vol.-% Alkohol) oder 2 l Zwischenerzeugnisse (unter 22 Vol.-%). Krokodil- oder Schildkrötenprodukte dürfen nicht ausgeführt werden, Geschenke den Wert von 430 € bzw. 300 CHF nicht übersteigen.

Register

Bildnachweis

alamy/Barry Lewis: U2-Top12-5; alamy/Sami Sarkis: U2-Top12-8; APA Publications/Glyn Genin: 15, 30, 37, 67, 79, 80, 81, 83, 93, 115, 132, 133, 134; Bildagentur Huber/Massimo Ripani: 42, 55, 101; Bildagentur Huber/R. Schmid: 75; fotolia.com/eduarrr: U2-Top12-6; fotolia.com/Mirko Meier: U2-Top12-4; fotolia.com/Meddy Popcorn: U2-Top12-7; fotolia.com/Silke Wolff: 18, 125; Andreas M. Gross: 35, 57; Bernd Gruschwitz: 129; Rainer Hackenberg: U2-Top12-3, 16, 72, 88; Gerold Jung: 59; Roland E. Jung: 31, 33, 51; laif/Aurora: U2-Top12-10; laif/Celentano: 17, 99, 103, 117; laif/B. Dombrowski: 130; laif/Eisermann: 85; laif/Le Figaro Magazine/Vouge: 2-1; laif/Miguel Gonzales: 63; laif/Hauser: U2-Top12-2, 66; laif/Heeb: 8; laif/hemis: U2-Top12-9, 19, 76, 108, 121, 123, 127; laif/Jonkmanns: 48, 52; laif/Marcel Malherbe: 2-2, 86; laif/The New York Times/Redux: U2-Top12-11, 46; laif/Raach: 2-3; laif/Stephan Sahm: U2-Top12-12; laif/Tophoven: 22, 60, 131; LOOK-foto/Angelo Cavalli: 70, 95; LOOK-foto/Per-Andre Hoffmann: 61; LOOK-foto/Alvaro Leiva: 6; LOOK-foto/Bruno Morandi: 87; LOOK-foto/Ingolf Pompe: 24; LOOK-foto/Adalberto Rios: 40; LOOK-foto/Ulli Seer: 11; mauritius-images/Urs Flüeler: 106; mauritius-images/Torino: 91; pixelio/www.kreuzfahrt-seeurlaub.de: U2-Top12-1; Pixelio/Kerstin Littke: 5; Oliver Schmid: 39.

Polyglott im Internet: www.polyglott.de

Impressum

Wir freuen uns, dass Sie sich für einen Reiseführer aus dem Polyglott-Programm entschieden haben. Auch wenn alle Informationen aus zuverlässigen Quellen stammen und sorgfältig geprüft sind, lassen sich Fehler nie ganz ausschließen. Wir bitten um Verständnis, dass der Verlag dafür keine Haftung übernehmen kann. Ihre Hinweise und Anregungen sind uns wichtig und helfen uns, die Reiseführer ständig weiter zu verbessern. Bitte schreiben Sie uns:

GVG TRAVEL MEDIA GmbH, ein Unternehmen der GANSKE VERLAGSGRUPPE
Redaktion Polyglott, Harvestehuder Weg 41, 20149 Hamburg, redaktion@polyglott.de

Wir wünschen Ihnen eine gelungene Reise!

Herausgeber: GVG TRAVEL MEDIA GmbH
Redaktionsleitung: Grit Müller
Autoren: Beate Schümann (Originalautorin) und Wolfgang Rössig
Redaktion: Bintang Buchservice GmbH, Berlin / Lektorat: Jessika Zollickhofer
Bildredaktion: GVG TRAVEL MEDIA GmbH, Ulrich Reißer und
Bintang Buchservice GmbH, Berlin
Layout: Ute Weber, Geretsried
Titeldesign-Konzept: Studio Schübel Werbeagentur GmbH, München
Karten und Pläne: Kartografie GVG TRAVEL MEDIA GmbH, Hamburg
Satz: Schulz Bild & Text, Mainz
Druck und Bindung: Stürtz Mediendienstleistungen, Würzburg

Printed in Germany
Dieses Buch wurde auf chlorfrei gebleichtem Papier gedruckt.
ISBN 978-3-8464-0929-9

PEFC PEFC/04-31-1404

Langenscheidt Mini-Dolmetscher Spanisch

Allgemeines

Guten Tag.	Buenos días. [buenos **di**as]
Hallo!	¡Hola! [**o**la]
Wie geht's?	¿Qué tal? [ke tal]
Danke, gut	Bien, gracias [bjen **gra**sjas]
Ich heiße … .	Me llamo … [me **lja**mo]
Auf Wiedersehen.	Adiós [a**djos**]
Morgen	mañana [ma**nja**na]
Nachmittag	tarde [**tar**de]
Abend	tarde [**tar**de]
Nacht	noche [**no**tsche]
morgen	mañana [ma**nja**na]
heute	hoy [oi]
gestern	ayer [a**jer**]
Sprechen Sie Deutsch / Englisch?	¿Habla usted alemán / inglés? [abla us**ted** ale**man** / in**gles**]
Wie bitte?	¿Cómo? [**ko**mo]
Ich verstehe nicht.	No he entendido. [no e enten**di**do]
Wiederholen Sie bitte.	Por favor, repítalo. [por fa**wor** re**pi**talo]
…, bitte.	…, por favor. [por fa**wor**]
Danke	Gracias [**gra**sjas]
Keine Ursache.	De nada. [de **na**da]
was / wer / welcher	qué / quién / cuál [ke / kjen / ku**al**]
wo / wohin	dónde / adónde [**don**de / a**don**de]
wie / wie viel / wann / wie lange	cómo / cuánto / cuándo / cuánto tiempo [**ko**mo / ku**an**to / ku**an**do / ku**an**to **tjem**po]
Warum?	¿Por qué? [por **ke**]
Wie heißt das?	¿Cómo se llama esto? [**ko**mo se **lja**ma **es**to]
Wo ist …?	¿Dónde está …? [**don**de es**ta** …]
Können Sie mir helfen?	¿Podría usted ayudarme? [po**dri**a us**ted** aju**dar**me]
ja	sí [si]
nein	no [no]
Entschuldigen Sie.	Perdón. [per**don**]
Das macht nichts.	No pasa nada. [no **pa**sa **na**da]

Shopping

Wo gibt es …?	¿Dónde hay …? [**don**de ai]
Wie viel kostet das?	¿Cuánto cuesta? [ku**an**to ku**es**ta]
Ich nehme es.	Me lo llevo. [me lo **lje**vo]
Wo ist eine Bank?	¿Dónde hay un banco? [**don**de ai um **ban**ko]
Ich suche einen Geldautomaten.	Busco un cajero automático. [**bus**ko un ka**che**ro auto**ma**tiko]
Geben Sie mir bitte zwei Kilo Pfirsiche.	Por favor, déme dos kilos de duraznos. [por fa**wor** **de**me dos **ki**los de du**ras**nos]
Haben Sie deutsche Zeitungen?	¿Tienen periódicos alemanes? [**tje**nen per**jo**dikos ale**ma**nes]
Wo kann ich telefonieren / eine Telefonkarte kaufen?	¿Dónde puedo llamar por teléfono / comprar una tarjeta telefónica? [**don**de puedo lja**mar** por te**le**fono / kom**prar** **u**na tar**che**ta tele**fo**nika]

Essen und Trinken

Die Speisekarte, bitte.	La carta, por favor. [la **kar**ta, por fa**wor**]
Brot	pan [pan]
Kaffee	café [ka**fe**]
Tee	té [te]
mit Milch / Zucker	con leche / azúcar [kon **le**tsche / a**su**kar]
Orangensaft	jugo de naranja [**chu**go de na**ran**cha]
Mehr Kaffee, bitte	Más café, por favor. [mas ka**fe** por fa**wor**]
Suppe	sopa [**so**pa]
Fisch / Meeresfrüchte	pescado / mariscos [pes**ka**do / ma**ris**kos]
Fleisch / Geflügel	carne / aves [**kar**ne / **a**wes]
Reis	arroz [a**ros**]
vegetarische Gerichte	comida vegetariana [ko**mi**da vecheta**rja**na]
Eier	huevos [**ue**wos]
Salat	ensalada [ensa**la**da]
Dessert	postre [**pos**tre]
Obst	fruta [**fru**ta]
Eis	helado [e**la**do]
Wein	vino [**bi**no]
weiß / rot / rosé	blanco / tinto / rosado [**blan**ko / **tin**to / ro**sa**do]
Bier	cerveza [ser**we**sa]
Aperitif	aperitivo [aperi**ti**wo]
Wasser	agua [**a**gua]
Mineralwasser	agua mineral [**a**gua mine**ral**]
mit / ohne Kohlensäure	con / sin gas [kon / sin gas]
Limonade	refresco [re**fres**co]
Ich möchte bezahlen.	La cuenta, por favor. [la ku**en**ta por fa**wor**]